동서지행 인문학강좌 1
청소년의 마음을 키우는 인문학 선물

동서지행 인문학강좌 1

청소년의 마음을 키우는 인문학 선물

초판인쇄 2024. 05. 14.
초판발행 2024. 05. 21.
엮은이 시민인문학팀
펴낸곳 동서지행포럼
등 록 제 2019-000089호
전 화 02-705-1602
이메일 ewkaforum@gmail.com
주 소 서울특별시 용산구 청파로 40 삼구빌딩 16층 1602호(한강로3가)
제 작 도서출판 소망(T. 031-976-8970)

ISBN 979-11-979570-2-4 93230
책값은 뒤표지에 있습니다.

동서지행 인문학강좌 1

청소년의 마음을 키우는 인문학 선물

시민인문학팀 엮음

동서지행포럼

책머리에

정재영

(동서지행포럼 이사, 시민인문학팀장)

우리 시민인문학팀은 사단법인 동서지행포럼에 속해 있습니다. 동서지행포럼은 동양과 서양의 학문 교류와 지행합일을 이루기 위해 연구하는 학술단체이고, 이러한 연구 성과를 시민들과 공유하기 위해 모인 곳인 시민인문학팀입니다. 우리 팀은 2019년에 시작되어 일반 시민과 청소년들을 위한 인문학 강의를 개발하여 안양지역 작은도서관에서 마을 인문학을 진행하기도 하였습니다. 그리고 최근에는 위기 청소년을 위한 강의에 집중하고 있습니다.

소년분류심사원에서는 햇수로 6년째 강의를 진행하고 있는데, 코로나 사태 동안에는 강의를 동영상으로 촬영하여 비대면으로 진행하기도 하였습니다. 그 후에 안양소년원(정심여자중고등학교), 대전소년원(대산학교)으로 강좌가 확대되었고, 최근에는 서울소년원(고봉중고등학교)과 로뎀청소년학교(6호보호시설)에서도 강의가 정기적으로 진행되고 있습니다. 소년분류심사원과 소년원에서는 법무부와 공식 MOU를 맺어서 자타가 공인하는 공신력 있는 '위기 청소년 강의팀'이 되었습니다.

작년에는 한국문화예술위원회(ARCO)에서 주관하는 우리가치 인문동행 사업으로 연인원 1천 명에 가까운 청소년들에게 80회 이상의 강의를 진행하기도 하였습니다. 작년에 진행된 총 강좌 수는 소년분류심사원 103개 강좌를 포함해서 275개에 이릅니다. 현재 우리 팀에서 활동하는 강사는 20명이 넘는데 문학, 역사학, 종교학과 같은 순수 인문학을 포함해서 상담학, 사회학, 법학 그리고 천문학, 공학에 이르기까지 매우 다양한 전공의 전문가들로 구성되어 있습니다. 작년에는 소년분류심사원에서 위기 청소년들을 위해 인문학 강좌를 기획하고 개설한 공로를 인정받아서 김정선 선생님이 법무부 장관상을 수상하기도 했습니다. 그만큼 우리 팀에서 이루어지는 강의는 가히 국내 최고 수준이라고 자부합니다.

이 책은 이러한 과정들 속에서 이루어진 작은 산물입니다. 아주 귀하고 소중한 강의들이 이루어지고 있지만 이 강의들이 작은 교실에서 듣는 적은 인원의 청소년들에게만 전해지는 것이 무척 아쉬웠습니다. 그래서 강의 내용을 읽기 쉬운 원고로 다듬어서 책으로 출판하게 되었습니다. 이 책에는 참으로 좋은 강의 내용들이 더 많은 청소년들과 시민들에게도 전달되었으면 하는 바람이 담겨 있습니다. 강의는 소리로 전달되어 강의가 끝나면서 사라지지만 이렇게 책으로 출판되면 의미 있는 기록과 자료가 되리라 생각합니다. 이 책이 이 땅의 청소년들뿐만 아니라 청소년에게 관심을 가지고 있는 모든 시민들에게 도움이 되고 작은 울림이 되기를 기대합니다. 그리고 이번에 출판되는 첫 번째 책 이후에 더욱 유익한 강의 내용을 담은 책들이 계속해서 출판될 예정이니 많은 관심과 성원을 부탁드립니다.

마지막으로 좋은 강의를 해주시고 옥고를 써주신 시민인문학팀 선생님들께 감사드리고 특별히 모든 원고를 꼼꼼히 읽어보시고 더 읽기 쉽게 고치고 편집해 주신 시민인문학팀의 양정호 선생님과 옛적길동화모임의 정일형 선생님, 출판을 맡아주신 김석주 선생님에게 특별히 감사의 말씀을 전합니다. 또한 시민인문학팀이 마음껏 활동할 수 있도록 큰 우산이 되어주시는 동서지행포럼의 이사님들과 귀한 추천사를 써주신 배요한 이사장님, 그리고 윤용범 센터장님에게도 깊은 감사의 인사를 드립니다.

적극 추천합니다

배요한

(신일교회 담임목사, 동서지행포럼 이사장)

오늘날 우리는 참으로 편리한 시대에 살고 있습니다. 개인용 컴퓨터의 처리 능력 등은 말할 것도 없고 핸드폰의 첨단 기능이나 인공지능(AI)의 발전 속도는 정말로 눈이 부십니다. 그래서 과학기술의 발전이 가져다 준 생활의 편리함은 따라가기가 벅찰 지경입니다. 그래서 과학을 발전시키고 과학기술을 이용하는 것은 한 편으로는 정말로 좋은 일입니다.

그렇지만 과학 이론이 점점 깊어지고 과학기술이 점점 발전한다고 해서 저절로 우리가 행복해지는 것은 아닙니다. 그것은 과학의 영역 밖의 문제입니다. 우리가 살아가면서 추구해야 할 삶의 의미, 삶의 가치, 인생의 목표, 행복한 삶 등의 문제는 과학이 해결해 줄 수 없기 때문입니다.

바로 여기에 인문학이 필요한 이유가 있습니다. 인문학은 마음, 생각, 도덕, 문학, 역사 등의 다양한 학문 영역을 포함합니다. 인문학은 과학기술처럼 눈에 보이게 생활을 편리하게 만드는 것은 아니지만, 식물의 뿌리처럼 우리 삶의 의미와 가치가 무엇인지 보다 풍요롭게 만드는 역할을 합니다.

그래서, 너무 단편적인 비유 같지만, 인문학은 식물의 보이지 않는 뿌리와 비슷하다면, 과학과 과학기술은 꽃이나 열매에 더 비슷해 보입니다. 어느 것이 더 중요하냐구요? 물론 둘 다 중요합니다. 그러나 굳이 말하자면 먼저 뿌리를 튼튼히 내려야 아름다운 꽃과 열매를 더 많이 맺을 수 있다는 것은 자명한 이치입니다.

이번에 동서지행포럼 시민인문학팀에 속해 있는 여러 선생님들께서 『청소년의 마음을 키우는 인문학 선물』을 펴낸 이유도 여기에 그 소중한 뜻이 있다고 봅니다. 아직은 미성숙한 청소년 시기에 내가 살아가는 인생의 가치와 소중한 의미에 대해서 바르게 정립해야 청소년들이 앞으로 살아가면서 더 풍요롭고 넉넉한 인생의 행복한 열매를 맺을 수 있기 때문입니다.

특히 이 책의 글을 쓰신 분들은 문학, 역사, 예술, 심리학, 신학 등 다양한 연구 분야에서 훌륭하게 활동하시는 전문가 선생님들이십니다. 그리고 그분들이 청소년들의 눈높이에서 곁에서 말하듯 친절하고 쉽게 풀어 쓰신 글들이라 이 책은 책 이름에 걸맞게 너무도 소중한 작품이라고 생각합니다.

모쪼록 이 책을 통해서 이 땅에서 살아가는 힘겨운 청소년들이 삶의 가치와 의미를 소중하게 꽃 피우고, 또 곁에서 이 땅의 청소년들을 돕는 분들에게도 좋은 길잡이가 될 수 있기를 간절히 바라면서, 이에 적극 추천합니다.

믿고 기다리고 만나줍시다

윤용범
(전 법무부 안산청소년꿈키움 센터장)

쪽방 등 열악한 환경에서 자신의 선택과 상관없이 세상과 마주해야 했던 아이들이 있습니다. 세상과의 첫 만남은 거절이라는 상처로 얼룩지고, 텅 빈 가슴을 안고 버려진 채 세상의 한쪽 구석에 앉아 멍하니 하늘만을 바라봅니다. 보호시설 청소년들은 거절-낙심-낙망-절망 속에서 세상을 향해 원망을 쏟아내며 좌절-포기-죽음의 소용돌이 가운데 축 처진 어깨를 하고 희망 없이 살아갑니다. 이 책은 홀로 외로운 길을 걷는 위기청소년들의 마음을 사랑으로 채워주고 상처를 치료하는 인문학 특강을 모았습니다. 이 특강은 위기청소년들에게 잃어버린 자기를 찾아주고 위로를 전하고 따뜻이 안아주고 편히 숨 쉴 수 있는 산소통이 되었습니다. 이 책은 마음이 치유되고 회복되는 작은 변화의 모습에서 행복한 울림을 경험하고, 위기청소년을 사랑하는 사람들과 함께 나누고 싶은 마음이 담겨 있습니다. 용기 있는 선택에 참 잘한 일이라고 박수를 보내고 싶습니다.

청소년, 믿기만 합시다! 믿고 기다리고 만나주면 하루하루 자랍니다.

하지만 언제부터일까요? 우리는 '기다림'이라는 단어를 잊어버리고 달리고 뛰고 돌진해 가는 삶을 살아갑니다. 그리스신화에는 침대를 만들어 길 가는 사람들을 붙들어 침대에 눕히고 침대보다 크면 자르고 작으면 늘린 인물이 있지요. 우리도 우리 나름의 기준을 만들어 놓고 청소년들을 재단하는 아픈 현실은 생각지 않고 앞으로만 질주했습니다.

38년의 세월, 멈춰서서 한숨 돌리며 청소년들과 나누고 싶었던 '기다림'의 이야기가 이 책에 들어있습니다. 이 책은 감성의 낙서장을 만들어

힘든 삶을 마음껏 그리고 묘사하고, 부끄러울 수 있는 실수와 방황을 솔직하게 고백하는 용기를 얻고, 옛사람들의 이야기를 통해 자신을 발견하도록 돕습니다. 세상에 강하게 맞서 나갈 힘을 키워가는 역사, 문화, 예술, 심리의 나눔 속에서 자기 마음과 만나고 희망과 행복의 씨앗이 내면에 뿌려집니다. 좋은 사람들과 함께 상처를 치유하고 성장하는 용감한 생존자가 되도록 이끕니다. 풍성한 삶을 살아갈 수 있는 알찬 이야기로 텅 빈 가슴에 사랑이 채워지는 설렘의 향기를 느끼게 합니다.

이제 건강한 청소년이 되어 어려운 이웃을 위해 나누며 살아가는 행복 릴레이를 기대합니다.

청소년지도자가 청소년과 만날 때 이 책이 아픈 마음을 사랑으로 싸매어 주는 멋진 교재로 활용되어 상처를 치유하는 에피소드를 많이 쌓아가면 좋겠습니다. 또한, 긍휼한 마음으로 공감을 넘어 환대해 주고 '위해'가 아닌 '함께'하는 이웃사랑을 실천하는 사명을 완수해 가는 모두가 되길 기도합니다.

차 례

1

내 마음속 치유와 회복의 길

김정선
(실천신학대학원대학교 목회상담학 교수)

글쓴이 **김정선**은 미국 에모리대학에서 목회상담학으로 박사학위를 취득하고 실천신학대학원대학교 교수로 목회상담학을 가르치고 있습니다. 미국에서 쌓은 임상훈련을 바탕으로 서울 용산에 '리흠트라우마연구소'를 세우고 심리치료와 상담지도자 훈련 등 꾸준히 임상 활동을 하고 있습니다. 특히 10여 년 전 6호 시설의 청소년을 돕는 일이 계기가 되어 지금까지 위기청소년 사역을 기쁘게 하고 있습니다. 현재는 동서지행포럼에서 교화시설 청소년들에게 치유와 성장을 위한 융복합강좌를 기획·시행하고 있습니다. 서울소년분류심사원, 안양여자소년원, 서울남자소년원, 로뎀청소년학교(6호보호기관)에 매주 강의와 상담을 통해 꾸준히 위기청소년들을 만나고 있습니다.

1
내 마음속 치유와 회복의 길

여러분도 이런 경험이 있으신가요?

호상(가명)이는 물을 무서워합니다. 7살 때 가족들과 바닷가로 놀러 갔다가 바다에 빠져 죽을 뻔했거든요. 다행히 빨리 구조되어 무사했지만, 이 사건 이후로 물에 빠지는 악몽을 자주 꾸며 물을 무서워하게 되었어요. 세수하는 것도 싫어지고, 샤워 물줄기만 봐도 심장이 너무 세게 뛰고 숨이 차서 바가지에 물을 담아 씻곤 했어요. 어쩌다가 수영장에 가면 친구들이 자신에게만 심하게 물장난을 친다고 느껴져 짜증이 났고, 친구들과 싸워 혼자 집에 돌아오곤 했어요.

호상이는 샤워할 때 가슴이 두근거리는 것은 몸이 허약하기 때문이라고 생각했고, 친구들과 수영장에서 싸우는 것은 자신의 성격이 나쁘기 때문이라고 생각했답니다.

트라우마는 삶의 전반에 부정적인 영향을 주고 있어요

여러분은 이 이야기를 듣자마자, "아, 물에 대한 트라우마구나."라며 쉽게 '트라우마'란 단어를 떠올리셨을 거예요. 트라우마는 그리스어로 '상처'(τραῦμα)란 말에서 나왔어요. 호상이의 경우는 심리적 트라우마(psychological trauma)를 말해요. 심리적 트라우마는 심리적 충격으로 인해 마음에 깊은 상처를 남기는 상태를 가리키는데, 생명과 안전이 위협받는 큰 사건을 경험했을 때 주로 발생한답니다.

이전에는 가정폭력이나 성폭력이 트라우마에 포함되지 않았지만, 가정폭력이나 성폭력 피해자들에게 나타나는 증상들이 전쟁 트라우마를 겪은 군인들과 비슷하다는 사실이 밝혀지면서 이제는 이것도 트라우마의 범주에 속하게 되었어요.

트라우마는 다양한 증상으로 나타납니다. 앞에서 얘기한 호상이처럼 트라우마가 된 사건과 그때의 기억이 반복적으로 떠올라 괴로워하고, 밤에는 악몽에 시달리기도 한답니다. 트라우마를 떠올리게 하는 장소나 사람을 피하려다가 일상생활이 흔들리기도 하고요. 이렇게 대인관계의 갈등, 자신에 대한 비난과 비하, 자존감의 저하 등이 나타나는 등 트라우마는 삶에서 부정적인 영향을 미칩니다.

아동 · 청소년 시절에 겪는 트라우마는 깊은 상처를 남깁니다

두려움과 공포에 관한 흥미로운 실험을 소개할게요. 우리에서 활발하게 노는 새끼 쥐들을 관찰한 후, 4일째 되는 날 고양이털을 우리 안에 넣었어요. 고양이털의 냄새를 맡은 쥐들은 두려움에 떨며 구석에 모여 움직이지 않았지요. 24시간이 지난 후 우리에 있는 고양이털을 제거했어요. 그런데도 쥐들은 여전히 두려움에 떨며 움직이지 않았어요. 안전을 위협받는 공포의 경험과 기억이 얼마나 오랫동안 강하고 부정적인 영향을 줄 수 있는지 보여줍니다.

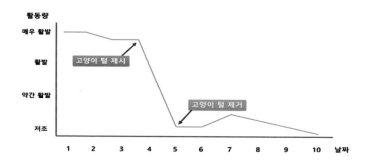

[그림 1] 새끼 쥐들의 10일간의 놀이 관찰

트라우마를 연구하는 학자들은 어린 시절에 겪는 트라우마는 뇌 발달이 미숙한 상태에서 발생하기 때문에, 어른이 겪는 트라우마보다 더욱 해로울 수 있다고 해요. 특히 보호해 주어야 할 사람이 의도적이고, 반복적으로 하는 가정폭력, 아동학대, 친족 성폭력 등은 일회성 트라우마보다 훨씬 더 심각한 피해를 줄 수 있다고 합니다.

아동기 부정적인 경험(ACE: Adverse Childhood Experience)은 만성 질병부터 중독성 행위에 이르기까지 거의 모든 영역에 부정적인 결과를 가져올 수 있어요. 아동기 부정적 경험(ACE)을 크게 10개 항목으로 나눠 조사했을 때. 4점인 사람이 0점인 사람과 비교해 볼 때, 알코올 중독 가능성이 7배가 많았어요. 자살 시도도 14배나 많았다고 하고요. 또 폐 질환 가능성 3배, 만성 기관지염 4배, 심장병이나 암에 걸릴 가능성도 2배나 높게 나타났고요. 또 다른 연구에서는 ACE 점수가 4점인 학생들은 학교에서 학습이나 행동상의 문제가 무려 51%였답니다. 0점인 학생들이 3%인 것에 비하면 놀라운 결과지요.

이렇게 트라우마는 심리적 건강과 육체적 건강, 나아가 학습과 행동, 대인관계에 이르기까지 부정적인 영향을 끼친답니다. 어릴 적 트라우마가 어른이 되어서도 그리고 평생 고통을 주는 이유는 트라우마가 단순히 마음의 상처를 남기는 것으로만 끝나는 것이 아니라 우리 뇌와 몸에 각인되기 때문이에요.

트라우마의 상처는 어떤 모습으로 우리 뇌와 몸에 각인될까요?

아프리카 밀림을 여행합니다. 이때, 갑자기 커다란 사자가 나타나 우리에게 다가오고 있어요. 이럴 때 여러분은 어떻게 반응할까요? 깜짝 놀라 도망치거나, 너무 놀라서 그 자리에 얼어붙어 꼼짝 못 할 수도 있겠지요.

이번엔 동물원의 사자를 보러 갔어요. 이때 사자가 가까이 다가온다면 여러분은 어떠한 반응을 할까요? 놀라는 대신 우리는 오히려 사자를 가까이서 볼 수 있다고 좋아하며 신나게 사진을 찍을 거예요.

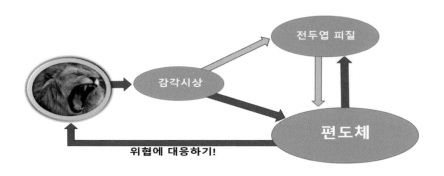

[그림 2] 뇌의 정보처리 과정

    우리가 동물원에서 사자를 보고도 도망가지 않을 수 있는 것은, 우리 뇌 덕분이에요. '사자'라는 정보가 눈을 통해 뇌에 전달됩니다. 뇌에는 편도체와 전두엽이라는 두 영역이 있지요. 위급한 상황에서 편도체가 먼저 우리 몸에 위험을 알리고 스트레스 호르몬을 분비하며 반응합니다. 우리 눈은 사자를 보자마자 "아악~ 사자다. 도망가!"라는 정도의 신호만 줍니다. 그런데 '사자'에 대한 정보는 뇌의 전두엽에도 도달합니다. 이곳은 과거 경험을 바탕으로 현재 위험을 판단하고 적절한 대응을 결정하는 역할을 한답니다. 그래서 뇌는 우리에게 "진정해~. 여긴 동물원이야. 안전하다고!"라며 현재 상황을 판단하고 대응 방법을 알려 줍니다. 물론 이 과정은 우리가 의식하지 못하게 빠르게 일어나지만, 이 덕분에 우리는 동물원에서 사자를 볼 때, 무서워하지 않고 흥미롭게 관찰하며 즐겁게 시간을 보낼 수 있어요.

트라우마는 편도체와 전두엽의 기능을 방해한다고 해요

안전한 공간인 집이 어느 순간 전쟁터가 되고, 어제는 괜찮았던 행동이 오늘은 혼난다면, 아이들은 무척 혼란스럽겠지요. 마치 집에 무서운 사자와 같이 사는 것처럼 아이는 무섭고 늘 긴장하며 불안하겠지요. 이런 경우에 정보를 파악하고 기억에 저장하는 과정에 혼돈이 생깁니다. 또한, 기억정보를 끄집어내는 과정에 문제가 생기면서 위험을 판단하고 대응하는 과정에도 문제가 나타나지요.

불행한 것은 두려움과 긴장 상태의 극심한 스트레스 상황에 오래 노출되면 우리 몸의 신경계와 호르몬 체계에 이상이 생기고 작동에도 문제가 발생한다는 해요. 학대 경험이 있느냐 없느냐에 따라 같은 상황도 전혀 다르게 해석할 수 있어요.

여러분도 한 장의 사진으로 한편의 이야기를 꾸며보세요

미국에서 이런 실험을 했어요. 아래는 집 차고에서 아빠가 자동차를 수리하는 평범한 일상의 사진이에요. 아동들에게 사진에 담긴 상황을 이야기로 만들어보게 했습니다.

[그림 3] 아빠가 자동차를 수리하는 평범한 일상의 장면[1]

---

1   베셀 반 데어 콜크, 제효영 역, 『몸은 기억한다』 (서울: 을유문화사, 2020), 180.

학대 경험이 없는 아이들은 아빠가 차를 무사히 고치고, 함께 맥도날드에 간다는 등의 유쾌한 내용으로 이야기를 맺었어요. 그러나 학대 경험이 있는 아이들은 여자아이가 들고 있던 망치로 아빠 머리를 내리칠 거라거나, 남자아이가 차 시동을 걸어 아빠 몸을 짓이겨 온 사방에 피가 튈 거라는 등 모두 섬뜩한 내용으로 끝을 맺었어요. 학대를 경험한 아이들은 평범한 일상도 끔찍한 재앙의 조짐으로 해석하고, 공포를 느끼며 상황을 바라본다는 사실을 알 수 있는 실험으로 트라우마가 우리들의 삶에 얼마나 무섭게 자리 잡고 있는지를 알게 해주었답니다.

친구를 판단하거나 비난하기 전에 먼저 이해하려는 모습이 필요해요

우연히 눈이 마주친 것을 자신을 무시하는 기분 나쁜 눈초리로 해석하고, 평범한 상황도 자신을 위협하는 공격으로 판단해 더욱 공격적으로 반응하는 친구를 본 적이 있나요? 어린 시절 가정에서 겪은 트라우마 때문일 수 있어요.

툭하면 싸우고, 감정 기복이 심해 학교생활이 어렵고 친구를 잘 사귀지 못하는 친구가 여러분 주변에도 있을 거예요. 성격이 나쁘고 사회성이 떨어지는 문제 많은 친구라고 비난하기 전에, 혹시 자라면서 트라우마를 겪지 않았는지 이해하는 마음으로 대해 주세요.

주눅이 들고 위축되어 소심한 상태, 트라우마의 또 다른 모습이에요

트라우마를 겪고 있는 친구 중에는 화를 내고 싸우는 친구도 있지만, 늘 주눅이 들고 위축되어 생활하는 경우가 많이 있어요. 이때 우리 몸의 반응은 트라우마를 이해하는 데 도움이 돼요. 위험을 느끼면 1단계로 우리 얼굴이 불안한 표정을 짓고 목소리가 떨리면 주변 사람들에게 위협을

알리고 도움을 요청하는 신호입니다. 이때 도움이 없으면, 우리 몸은 2단계로 비상 시스템을 작동하여 교감신경으로 이 상황을 통제하게 되지요. 이 과정에서 아드레날린과 코르티솔과 같은 스트레스 호르몬이 분비되고 심장박동이 높아지며, 맞서 싸우거나 안전한 장소로 도망가려고 시도합니다. 그런데 아무리 노력해도 빠져나오지 못하고 힘으로 제압당해 이 상황을 벗어날 수 없게 되면 우리 몸은 마지막으로 3단계인 응급 시스템을 활성화해요. 이 단계에서 우리 몸은 모든 에너지를 최소화하고 자신을 환경으로부터 차단해요. 마치 겨울에 개구리가 동면하는 것처럼요.

우리는 놀랄 때 숨이 멎는다는 표현을 쓰지요? 또 스트레스를 받으면 쉽게 체한다고도 하고요. 이런 상황에서는 심장박동이 현저히 떨어지고, 소화 기능도 멈추며, 에너지 소모를 최소화하기 때문이에요. 너무 무서울 때 바지에 오줌을 지리는 것도, 방광을 조절하는 괄약근의 기능이 멈추며 힘이 풀려 실례를 하는 거랍니다. 이러한 반응은 생존을 위해 우리 몸이 자동으로 취하는 대응입니다. 그런데 트라우마 상황에 오랫동안 노출되면, 우리 몸이 1단계와 2단계를 건너뛰고 곧바로 3단계인 응급 시스템으로 직행하게 되지요.

선생님이 야단치는 소리에도 주눅이 들거나 위축될 수 있어요. 또 갈등이 생기면 입을 다물어 버리고 아무 반응도 하지 않을 수 있구요. 아무 일도 하고 싶지 않아 책상 위에 엎드려 있거나, 어떤 일에도 흥미를 느끼지 못하는 상태도 트라우마로 접근하면 이해할 수 있답니다.

트라우마는 어떻게 치유하고 회복할 수 있을까요?

트라우마 치료는 일반적으로 약물치료와 심리상담이 함께 진행돼요. 트라우마 상처의 핵심은 안전과 신뢰의 파괴, 관계의 단절이라서 심리상담을 통해 안전을 확보하고 지지를 통해 힘을 실어주며 단절된 관계를 재연결하는 것이 중요해요. 여기서는 트라우마 치유의 가장 중요하고 기초가 되는 핵심 요소에 관해 알려드릴게요.

심리학자 하인츠 코헛(Heinz Kohut)은 다른 사람과의 공감적인 관계를 마음의 산소라고 말하며 우리가 건강하게 살기 위해 꼭 필요하다고 주장하고 있어요. 우리는 마음이 아프고 힘들 때 누군가에게 솔직하게 털어놓고, 진심으로 공감해 주고 내 편이 되어 지지해주는 사람이 있다면 상처를 극복할 수 있거든요. 이런 공감적이고 안전한 관계를 '릴레이셔널 홈(relational home)'이라고 불러요. 릴레이셔널 홈이 없을 때 트라우마의 상처가 견딜 수 없는 아픔과 고통이 된다고 해요. 모든 치유과정에서 가장 중요한 것은 릴레이셔널 홈, 즉 공감하고 지지해 주는 관계가 중요하답니다.

'릴레이셔널 홈'의 중요성, 미국 하와이에 있는 카우아이섬의 사례에서 알 수 있어요

카우아이섬의 주민은 가난했고 대다수가 약물과 술중독에 빠져있거나 범죄조직과 관련되어 있었어요. 심리학자들은 열악한 환경에서 태어나고 자란 아이들이 학교나 사회에 적응하지 못하고 성인이 돼서도 불행한 삶을 살아가지 않을까 예측했어요. 그러나 예측과는 달리 이들 중 1/3 정도의 아이들은 잘 성장했고 안정된 직업을 가지며 건강한 사회인이 되었어요. 비결은 무엇일까요? 이들에게는 할머니나 고모든, 아니면 학교 선생님이나 교회 목사님이든 이들 주변에 마음을 어루만져 주고 응원하는 좋은 어른이 있었다고 해요.

트라우마로 생긴 깊은 상처를 외면하지 않기를 간절히 부탁합니다

어떤 사람은 좋은 가정에서 태어나고, 어떤 사람은 어려운 가정에서 태어납니다. 어떤 사람은 태어나면서 장애가 있고, 어떤 사람은 중

병에 걸리거나 사고를 당합니다. 왜 이런 일이 일어나는지 우리는 알수 없어요. 자연에는 법칙이 있는데 개개인의 삶에는 규칙이 없이 그저 일어나는 일로 가득한 것 같아요. 이 글을 읽는 분 중에 불행한 가정에 태어나고 트라우마의 상처로 지금도 고통스러워하고 있다면 이것만큼은 꼭 기억하세요.

"여러분의 잘못이 아니에요!"
"결코, 여러분은 잘못이 없습니다!"

하지만 트라우마의 상처를 내버려 두거나 외면하지 않기를 꼭 부탁드려요.

여러분은 아직 미성년자이기 때문에 치유의 가장 중요한 첫걸음으로 믿을만한 좋은 어른에게 용기를 내어 도움을 요청하세요. 학교 선생님, 상담 선생님 혹은 신뢰하는 어른에게 사정을 이야기하면 꼭 도움을 받을 수 있을 거예요.

이 글을 읽는 분이 어른이라면, 말썽을 부리고 문제를 일으키는 청소년을 잘못되고 그릇된 행위보다는 마음의 깊은 상처를 먼저 봐주세요. 여러분의 흔들림 없는 사랑과 관심은 놀라운 치유의 자원입니다. 도움이 필요한 청소년에게 돌봄의 손길을 내밀어 주시고 사랑으로 꼭 안아주시길 바랍니다.

'릴레이셔널 홈'이 필요한 사람을 드라마 '나의 아저씨'에서 만나보세요

누구보다 따뜻한 '릴레이셔널 홈'이 필요한 사람이 안타깝게도 바로 그 상처 때문에 좋은 사람들을 밀어내는 경향이 있어요. "부모조차도 나를 사랑하지 않는데, 도대체 누가 나를 사랑해 줄까?" 하며 미리 단정하고

주변의 좋은 사람을 밀어내는 비극적인 사람(tragic man)이지요.

드라마 '나의 아저씨'에 나온 이야기를 들려줄게요. 살인을 저지르고 소년원에 있던 여주인공은 무죄로 인정되어 현재는 계약직으로 일합니다. 그러나 세상으로부터 받은 많은 상처로 인해 고슴도치처럼 가시로 무장하고 아무에게도 곁을 내주지 않아요. 이런 주인공을 안타깝게 여긴 직장 상사는 따뜻하게 대하며 배려해 주려고 노력하지요. 그러나 그녀는 상사의 선의를 매몰차게 밀어내고 비웃으며 이렇게 말합니다.

"내 인생에 날 도와준 사람이 하나도 없었다고 생각하지 마요. 반찬도 주고 쌀도 주고, 한 번, 두 번, 세 번, 네 번. 근데 네 번까지 하면 다 도망가요. 나아질 기미가 없는 인생이라고 경멸하면서. 흥, 지들이 진짜 착한 인간들인 줄 아나 봐!"

이때 상사가 말합니다. "착한 거야. 한 번도 도와주지 않는 사람도 있는데 네 번이나 도와주었으면 착한 거야."

여러분도 이 말을 기억하시면 좋겠어요. 도와주는 사람이 다시 나를 포기하고 또 버림받을까 두려워 마음의 문을 닫지 마세요. 이 세상에 완벽한 사람은 없어요. 그때 그 순간 나에게 도움을 준 그 진심에 고마워하는 것이 필요해요. 도움을 기쁘게 받고, 언젠가 나 자신도 누군가에게 도움을 주는 멋진 어른으로 성장하는 것, 생각만 해도 참 좋고 멋지지요?

트라우마의 극복으로 세상을 넉넉히 품고 풍요로운 삶을 살아갈 수 있어요

한번은 외국의 국립공원에서 거침없이 하늘로 쭉쭉 뻗은 아름드리나무들을 본 적이 있어요. 옆에서 나무 전문가가 나의 감탄하는 모습을 보며 "이 나라의 땅은 비옥해서 나무가 저렇게 크게 잘 자랍니다."라고 했지요. 저는 웃으며 "우리나라의 나무들도 이런 곳에서 자라면 좋을 텐데 좀 불쌍하네요."라고 말했지요. 그때 그분이 저에게 했던 말이 지금까지

가슴에 남아있답니다.

"이 나무들은 별 어려움 없이 커서 뿌리가 얕아요. 그래서 태풍이 오면 이 큰 나무들이 픽픽 쓰러집니다. 하지만 우리나라의 척박한 돌산에서 자란 나무들은 어려운 환경에서 자라다 보니 뿌리가 사방 넓고 깊게 뻗어있어요. 웬만한 비바람에는 끄떡도 없어요."

'외상 후 성장'이란 말이 있어요. 트라우마를 겪고 대처하고 적응해 가는 과정에서 마음이 더 단단해지고 긍정적으로 변화하며 성장하는 것을 말하지요. 힘들고 아픈 경험을 했기 때문에 다른 사람의 아픔과 고통에 더 귀를 기울일 수 있어요. 억울하고 불의한 일을 당했기 때문에 누구보다도 정의를 갈망하며 공평함을 추구하려고 노력할 수 있지요. 이미 힘든 시련을 견뎌내고 고통스러운 시간을 극복했기 때문에 웬만한 인생의 고난과 역경에는 흔들리지 않고 담담하게 헤쳐나가고 강인하게 대처할 수 있답니다. 트라우마 상처를 그냥 내버려 두면 무력한 피해자로 머물지만, 좋은 사람들과 함께 상처를 치유하고 성장한다면 용감한 생존자가 되어 그 누구보다 풍성한 삶을 살아갈 수 있다는 것을 꼭 잊지 마세요.

〈함께 생각하기〉

1. 여러분에게도 깊은 마음의 상처가 있으신가요? 어린 시절에 경험한 트라우마가 해로운 이유는 무엇이라고 생각하시나요?

2. 마음의 상처를 치유하는데 필요한 것은 무엇이라고 생각하세요?

〈참고문헌/함께 읽으면 좋은 책〉

반 데어 콜크, 베셀. 제효영 역.『몸은 기억한다』. 서울: 을유문화사, 2020.

허먼, 주디스 루이스. 최현정 역.『트라우마: 가정폭력에서 정치적 테러까지』. 서울: 사람의 집, 2022.

2

두 나무 이야기 :

『고백록』을 통해 본 한 소년의 자기 탐구서

김현주

(햇불트리니티신학대학원대학교 조직신학부 초빙교수)

글쓴이 **김현주**는 스코틀랜드 애버딘 대학(University of Aberdeen)에서 독일의 신학자 디트리히 본회퍼의 죄론으로 박사학위를 취득하고 횃불트리니티신학대학원대학교 조직신학부 초빙교수로 학생들을 가르치고 있다. 관심을 두고 있는 신학의 분야는 아우구스티누스, 루터, 칼뱅, 그리고 본회퍼의 신학이며, 기독교의 전통 속에서 하나님의 은혜와 인간의 실존이 어떠한 관계성 속에서 이해되어 왔는지를 중심으로 연구하고 있다. 신학과 실천을 연결하는 일에 관심을 두고 있으며 이에 대한 활동으로 동서지행포럼을 통해 위기청소년을 위한 인문학 강좌에 참여하고 있다. 저서로는 *Bearing Sin as Church Community: Bonhoeffer's Hamartiology* (T&T Clark, 2022)가 있다.

2
두 나무 이야기 :
『고백록』을 통해 본 한 소년의 자기 탐구서

어떤 책이 명저일까요?

여러분은 어떤 책을 명저 - 아주 잘 쓰인 책이라고 생각하시나요? 사람마다 제각기 기준이 다르겠지만 그래도 공통으로 말할 수 있는 것은 아마도 이런 점들일 겁니다. 우선, 재미가 있어야겠지요? 재미가 없다면 아무리 좋은 내용이어도 읽기가 정말 지루할 거예요. 그리고 읽는 동안 주인공의 이야기가 마치 내 이야기인 것처럼 느껴진다면 더욱 흥미진진할 겁니다. 또 아무리 재미있고 흥미진진한 내용이라도 웃기만 하다가 끝나면 우리 기억에서 금방 사라지고 말 것입니다. 그러면, 무엇이 더 필요할까요? 그것은 바로 책을 읽으면서 나를 돌아보게 하고 그동안 내가 생각하지 못했던 것을 생각하게 해주는 책일 것입니다. 예를 들어 인생을 살아가는 지혜로운 방법을 알게 해준다면 명저라고 할 수 있을 것입니다. 그렇습니다. 명저란 책을 읽으면서 희망이 생기고, 주인공이 살았던 방법을 따라 하고 싶어지기도 하고, 그렇게 따라 하니까 내 고민도 해결된다면 그 책은 우리 인생을 바꾸어 주는 최고의 명작이라고 할 수 있습니다.

오늘 여러분에게 그런 책을 한 권 소개하려고 합니다. 이 책의 제목은 『고백록(Confessions)』입니다. 제목을 보니 이 책의 주인공이 아마도 마음에 숨겨두었던 어떤 은밀한 이야기들을 고백하려는 듯 보입니다. 제목이 흥미진진하지요? 이 책은 지금부터 약 1600년 전 지중해에서 멀리 떨어지지 않은 북아프리카 (지금으로는 알제리 지역)의 작은 마을에 살았던 소년의 이야기로 시작합니다. 1600년 전이면 4-5세기 정도 되니까 그 당시 우리나라는 고구려, 백제, 신라라는 세 나라로 나누어진 삼국시대였습니다. 아주 옛날 사람의 이야기입니다. 그런데 이 소년의 이야기는 1600년 동안 전 세계 많은 사람에게 아주 많은 사랑을 받아 왔습니다. 왜 사람들은 이 소년의 이야기에 귀를 기울이는지 알아봅시다. 이 책의 주인공 이름은 아우구스티누스(Augustinus, 354-430)입니다. 영어로는 어거스틴(Augustine)이라고도 불립니다. 이분은 나중에 아주 유명한 그리스도교의 감독 - 일정한 지역 전체의 교회들을 대표하는 지도자 목사님이 되었고, 로마 가톨릭교회에서는 이분에게 성인(Saint)이라는 호칭을 붙여주었습니다. 그런데 아우구스티누스는 청소년기와 청년기에 아주 심한 방황의 시기를 보냈던 분으로 유명합니다. 우리가 읽을 『고백록』에는 아우구스티누스가 고민하고 슬퍼하고 눈물짓던 청소년기와 청년기 이야기가 가득 담겨 있습니다. 아우구스티누스는 무슨 고민을 했을지 궁금합니다. 여러분의 고민과 얼마나 비슷한지 그리고 얼마나 다른지 알아보도록 합시다.

공부하기 싫었고 매 맞는 것이 너무나 두려웠던 어린 소년

아우구스티누스가 어린 시절을 회상하며 고백하는 것은 그가 어릴 적 공부하기를 싫어했다는 사실입니다. 나중에 훌륭한 목사님이 되고 어려운 책도 아주 많이 쓴 분인데 어린 시절에는 공부하기를 몹시 싫어했나 봅니다. 아우구스티누스는 특히 외국어 공부를 싫어했습니다. 아우구스티누스가 살던 시대는 작은 도시국가에서 시작된 로마가 지중해 주변의 지역을 모두 통일하여 대제국이 되었던 시대입니다. 이른바 로마제국(Roman Empire)이라는 시대였습니다. 아우구스티누스는 북아프리카의 지중해 연안의 테가스테(Thagaste)라는 작은 마을에서 어린 시절을 보냈습니다. 그 지역에서 사용하는 언어는 라틴어였어요. 그런데 학교에서는 필수 외국어로 그리스어를 가르쳤습니다. 로마제국 내에는 라틴어와 함께 그리스어를 사용하는 지역도 많았기 때문이었습니다. 요즘 여러분들이 영어를 제2외국어로 배우는 것과 마찬가지였습니다.

[그림 1] Niccolo di Pietro, 1413-15,
〈성모니카를 따라 학교에 간 성 아우구스티누스
(Saint Augustine Taken to School by Saint Monica)〉[1]

아우구스티누스는 그리스어를 매우 어려워했습니다. 그래서 그리스어 수업이 있는 날에는 학교에 가는 것을 두려워했습니다. 그 이유는 받아쓰기하다가 틀리면 선생님께 회초리를 맞았기 때문입니다. 그 시절 학교에서 아이들에게 체벌을 가하는 것은 매우 흔한 일이었습니다. 감수성이 예민하고 자존심이 강했던 어린 아우구스티누스는 매 맞는 것이 참을 수 없는 고통이었다고 고백합니다. 어른이 되어서 자신의 어린 시절을 되돌아보면서 아우구스티누스는 그때 매 맞지 않게 해달라고 하나님께 간절히 기도했다고 회고합니다. 하지만 속상하게도 아우구스티누

1 https://en.wikipedia.org/wiki/Augustine_of_Hippo, [2024. 4. 3. 접속].

스의 부모님은 이렇게 괴로워하는 아우구스티누스의 마음을 이해해 주기는커녕 오히려 아우구스티누스가 괴로워하는 것을 웃음거리 정도로 여겼습니다. 이 일로 인해 아우구스티누스는 자신이 매우 불행하다고 느꼈습니다. 어린아이 시절의 아우구스티누스는 그 또래 아이들과 별반 다를 것이 없는 그런 소년이었던 것 같습니다.

친구들에게 조롱당하기 싫었던 10대 소년

이렇게 소년기를 지내던 아우구스티누스는 이제 열여섯 살 청년이 되었습니다. 그는 시골 마을 테가스테에서 이제 인근의 좀 더 큰 도시인 마다우라(Madaura)라는 곳으로 유학을 갔습니다. 그리고 그곳에서 학업을 마치자 부모님은 더 큰 도시인 카르타고(Carthage)라는 멀리 떨어진 곳으로 아우구스티누스를 공부시키러 보낼 계획을 세우고 있었습니다. 하지만 부유하지 않았던 부모님은 아직 유학자금을 마련하지 못했습니다. 그래서 아우구스티누스는 시골집에 돌아와서 한동안 하는 일 없이 어영부영 놀고 지내고 있었습니다. 아우구스티누스는 이제 혈기 왕성한 청년기에 접어들었고 몸은 어른의 모습으로 하루하루 변해가고 있었습니다. 아버지와 함께 목욕탕에 가는 것도 낯이 뜨거워지는 나이가 되었다고 『고백록』에서 말합니다.

이렇게 아우구스티누스는 몸이 성장하며 이상하게 마음도 갈피를 잡지 못할 때가 많아짐을 느낍니다. 괜히 나쁜 일을 저지르고 싶고 친구들보다 더 삐딱하게 행동해야 자신이 남보다 더 용감하다고 느꼈습니다. 그래서 더 심한 비행을 저지르면 저지를수록 친구들 무리에서 더 큰 우월감을 느끼곤 했습니다. 나쁜 행동을 하면 할수록 친구들은 아우구스티누스에게 더 많은 찬사를 보냈습니다. 여러분들도 친구들 사이에서 그러한 경험을 한 번쯤 해보았을 것 같습니다. 그래서 때때로 아우구스티누스는 자신이 하지 않은 일까지도 자기가 했다고 말하며 우쭐대었습니다. 아우구스티누스는 그때의 자기 상태를 이렇게 고백합니다. "그렇게 함으로써 나는 그들 속에서 순진하고 착하다는 이유로 무시를 당하지 않고 존경을 받았습니다."[2] 그때 청소년들은 순진하면 조롱당하고 착하면 무시를 당했습니다. 1600년 전인데 지금의 청소년들과 크게 다르지 않은 것 같습니다. 친구들 사이에서 조롱당하지 않기 위해 아우구스티누스가 택한 방법은 '나쁜 짓을 하는 것' 그리고 '하지 않은 짓도 했다고 떠벌이는 것'이었습니다.

배나무 사건: 숨겨진 자신을 발견하다

그러던 어느 날 아우구스티누스에게 평생 잊지 못할 사건이 벌어집니다. 그는 동네의 불량한 친구들과 어울려 나쁜 짓을 찾아보겠습니다. 한동안 학교 공부로 억눌려 있던 아우구스티누스에게 얼마간 빈둥대던 시간은 자신을 방탕함의 끝까지 몰아붙여서 완전히 고삐 풀린 자유를 맛보는 시간이었습니다. 친구들과 목표했던 나쁜 짓은 바로 이웃집의 배나무 열매를 도둑질하는 것이었습니다. 아우구스티누스처럼 고삐가 풀어져 방탕을 사랑하는 친구들과 어스름한 밤 시간에 광장을 어슬렁거리며 배회했습니다. 그러다 아우구스티누스는 친구들과 배나무 근처로 우르르 몰려가 나무를 마구 흔들어 댔습니다. 배가 우수수 떨어지는 것을 보고 탄성을 질렀습니다. 그리고는 탐욕스럽게 한 아름씩 가득 배를 가지고 와서는 이것저것 한입씩 베어 먹어보고는 이내 돼지 떼에게 모두 던져주었습니다. 그 배는 아직 단맛도 들지 않았고 시큼털털한 덜 익은 배였기 때문이었습니다. 그런데 이런 한심한 행동이 얼마나 즐거웠는지 몰랐습니다. 그 당시의 아우구스티누스는 하지 말라는 것을 하는 재미가 너무 컸다고 말합니다.

이 사건은 어떻게 보면 특별한 사건이 아니었고 치기 어린 십대 청소

---

2   아우구스티누스, 선한용 역, 『고백록』(서울: 대한기독교서회, 2015), 82.

년들이 저지를 법한 사건이라고 볼 수도 있습니다. 물론 그 자리에서 붙잡혔다면 어른들에게 혼쭐이 났었겠지만요. 그리고 요즘 같으면 아마 경찰서에 불려 다니고 부모님께 꾸중을 듣고 매우 심각한 일이 될 수도 있었을 겁니다. 그때 아우구스티누스는 배가 주렁주렁 열리기를 간절히 기다리며, 수백 개가 넘는 달콤한 배를 한 철 먹거리로 삼고, 또 그것들을 팔아서 가족의 생계비로 쓰려는 기대로 가득했던 이웃 사람들의 마음 같은 것은 안중에도 없었습니다. 그 당시 아우구스티누스 마음속에는 자신도 잘 알지 못하는 어떤 강한 충동이 가득했다고 고백합니다.

> 내가 도둑질을 하게 된 것은 배가 고파서도 아니요 궁핍해서도 아니요, 다만 착한 일을 무시하고 싶고 또한 죄를 짓고자 하는 강한 충동에 어찌할 수 없어 범한 것입니다. 그렇지 않고서야 어찌 내가 이미 더 좋은 것을 많이 가지고 있었는데도 불구하고 그런 것을 훔치게 됩니까?[3]

아우구스티누스는 이 배 도둑질 이야기를 자신의 인생에서 매우 중요한 사건으로 되돌아봅니다. 왜 이 일이 그렇게 아우구스티누스에게 중요한 계기가 되었는지 살펴보겠습니다. 아우구스티누스는 자기가 저지른 ─ 어찌 보면 합당한 이유가 없는 ─ 도둑질 사건의 근원을 분석하고자 했습니다. 아우구스티누스는 자신이 배 도둑질을 했던 이유에 대하여 우선 곰곰이 생각해 보았습니다. 그러면서 깨달은 것은 자신이 배가 고프지도 않았고 배를 훔쳐 돈을 벌어야 했을 정도로 가난한 것도 아니었다는 점이었습니다. 딱히 어떤 특별한 이유도 없이 친구들을 충동질시켜 나쁜 일을 저지른 것입니다. 나쁜 일을 하려면 그만한 이유가 있어야 하는데 자신이 저지른 비행에는 딱히 정확한 이유를 찾지 못했습니다.

---

3   위의 책, 83.

아우구스티누스는 난감했습니다. '왜 내가 그런 짓을 했을까?'하고 곰곰이 이유를 생각해 보았지만, 그 정확한 이유는 없었습니다. 이쯤 생각하는 것만으로도 아우구스티누스는 보통 사람들과는 다른 것 같습니다. 왜냐하면 자신이 어떠한 사람인지 그리고 그 당시 어떤 심리 상태였는지 차분하게 자신을 돌아보려고 했습니다. 그리고 자기가 저지른 행동의 원인을 분석하고 있기 때문입니다. 아우구스티누스는 바로 답을 얻지는 못했습니다. 자신이 저지른 행동의 원인도 아직 파악하지 못했고 왜 정당한 이유도 없이 강한 충동에 사로잡혀 도둑질을 했는지도 아직 알아내지 못했습니다.

내가 즐기고 싶었던 것은 도둑질 그 자체였다!

이쯤이면 우리는 "에이, 잊어버리자. 뭐 다른 친구들도 다 그랬는걸. 나만 뭘 그리 심각해?"하고 자기 자신이 그때 왜 그랬는지 그리고 자신이 어떤 사람인지 알기를 포기했을 것입니다. 그런데 아우구스티누스는 여기에서 멈추지 않았습니다. 그리고 솔직하고도 매우 진지하게 자신을 점검하고는 이렇게 고백합니다. "내가 즐기고 싶었던 것은 훔친 물건이 아니라 도둑질 자체, 죄 그 자체였나 봅니다."[4] 너무도 솔직하게 자신의 감정의 상태를 되돌아보고 고백합니다. 자신은 어떤 것이 필요해서가 아니라 나쁜 짓을 하면서 느껴지는 그 짜릿함, 곧 악한 쾌감을 좋아하였음을 발견합니다. 아우구스티누스의 이러한 자기분석은 사실 매우 괴로운 일입니다. 우리는 대부분 나의 잘못된 행동에 내가 아닌 다른 이유를 가져다 구실을 삼고자 하는 경우가 많습니다. 내가 지금 이렇게 한 것은 친구가 충동질을 해서라거나, 아니면 부모님이 나에게 관심을 두지 않아서라든가, 또는 여러 가지 이유로 다른 사람보다 내가 불우해서 등등... 이와 같은 수십 가지 수백 가지 이유가 즉시 우리들의 마음속에서 들끓

---

4   위의 책, 83.

어 올라올 것입니다. 맞아요. 그런 이유들이 아주 없다고 볼 수는 없습니다. 하지만 한 번 더 생각해 보면 어쩌면 그런 이유들은 많은 경우 우리들 마음속의 더 깊은 곳에 있는 고약한 충동이나 남 탓으로 돌리고 싶어 하는 못된 마음을 가리기 위한 구실에 불과할지도 모릅니다. 이러한 고약한 충동을 아우구스티누스는 솔직하게 고백한 것입니다. 일기장에 나에게만 쓴 것이 아니라 책으로 써서 남들이 다 읽도록 고백했습니다. 그러면서 그가 발견한 중요한 점은 자신은 그런 나쁜 일을 하고 싶어 하는 욕망을 가진 사람이고 이것을 절제할 수 없다는 점이었습니다. 자기 자신에 대해서 매우 예리하고 냉철하게 분석하고 있는 것 같습니다. 아마도 이러한 솔직한 고백의 이야기 때문에 세계 많은 사람들은 천년이 넘도록 아우구스티누스의 이야기를 통해 삶에 대한 영감을 받고 있다고 여겨집니다.

큰 도시의 유학생 청년 - 아직도 유혹 속에서

배 도둑질 사건 이후 아우구스티누스는 북아프리카의 제일 큰 도시인 카르타고로 미뤄두었던 유학을 가게 됩니다. 그곳에서 여러 가지 공부를 합니다. 자기 자신이 어떤 사람인지 잘 살펴보고 싶었던 아우구스티누스는 자기가 책 읽기와 글쓰기를 좋아한다는 사실을 알게 됩니다. 아우구스티누스는 자기가 무엇을 잘하는지 이제 알아가기 시작한 것 같습니다. 여러분은 무엇을 잘하는지요? 아우구스티누스처럼 책 읽기나 글쓰기를 모두가 잘할 수는 없겠지요. 만일 세상이 온통 책 읽기를 좋아하는 사람들로 가득 차게 된다면 세상은 금방 멈추어 버릴 것입니다. 요리를 좋아하는 사람이 있어야 식당에 가서 맛있는 음식도 먹을 수 있고, 운동을 잘하는 사람이 있어야 운동경기도 보러 가고 하지 않겠어요? 또 옷만들기를 잘하는 사람이 있어야 우리가 편안하고 멋진 옷도 입을 수 있고요. 아우구스티누스는 자기가 잘하는 글쓰기와 책 읽기 그리고 말하기 등에 매우 열심이었습니다. 물론 외국어에는 소질이 별로 없었던 것 같습니다.

아우구스티누스는 자신이 잘할 수 있는 공부에 매진하면서 다른 한편으로는 여러 가지 해서는 안될 은밀한 쾌락을 추구합니다. 아우구스티누스가 배나무 사건에서 깨달은 것처럼 자신이 '악한 행동에 대한 충동성'이 있다는 사실을 알게 되었지만, 이러한 충동성을 제거하는 것은 매우 힘든 일이라는 것을 깨닫습니다. 선하게 살고자 하는 마음과 억제할 수 없는 충동 사이에서 아우구스티누스는 매우 괴로워했습니다. 그래서 아우구스티누스는 점성술에 빠지기도 하고 여자 친구를 사귀기도 하고 마니교라는 이단 종교를 찾아가기도 합니다. 하지만 어느 방법을 통해서도 자신이 변화될 수 없다는 사실을 알게 됩니다. 더욱 마음이 괴로워집니다.

그나마 자신의 능력과 기질을 잘 파악한 아우구스티누스는 자신이 잘하는 일에 성실하게 몰두했습니다. 마음이 괴로워도, 이단 종교에 빠지거나 점성술에 심취했어도, 아우구스티누스를 칭찬할 점은 자신이 잘할 수 있는 일을 결코 포기하지 않았던 끈기입니다. 여러분들도 마음이 괴롭고 또 자신의 잘못된 행동으로 어려움을 겪고 있어도 자신이 어떤 사람인지 그리고 무엇을 잘할 수 있는지 항상 주의 깊게 살피고 있어야 합니다. 자기가 어떤 유혹에 약하고 어떤 면에서는 끈기가 있는지를 파악하고 있어야 합니다. 그리고 포기하지 말고 자신이 잘할 수 있는 일을 찾아 꾸준히 노력해야 합니다. 그래야 미래가 있습니다. 아무튼 다시 아우구스티누스 이야기로 돌아가 봅시다.

성공의 문턱 그리고 이별

그 당시는 로마제국이라는 나라가 지중해 연안의 국가들을 다 통합하여 대제국을 이루고 있었던 때였습니다. 이제 29세가 된 아우구스티누스는 북아프리카를 떠나 이제 이탈리아 로마로 가서 학생들을 가르치는 교수가 되었습니다. 그리고 곧 그의 명성이 자자해지면서 어느새 밀라노의 황실 학교에서 글쓰기와 연설하기 같은 것을 가르치는 수사학 교수까지 됩니다. 누구나 부러워하는 높은 지위가 보장된 자리였습니다. 이제부터 아우구스티누스의 앞길은 창창히 열릴 것 같이 보입니다. 하지만 아우구스티누스는 그리 즐겁지 않았습니다. 청소년기부터 오랫동안 고민했던 문제인 선한 삶을 살고 싶은 마음과 또 한편으로는 제멋대로 살고 싶은 두 마음이 항상 자신 속에서 충돌하고 있었기 때문이었습니다.

[그림 2] Ary Scheffer, 1846, 〈성 아우구스티누스와 그의 어머니 성 모니카 (Saint Augustine and his mother, Saint Monica)〉[5]

이제 아우구스티누스는 어느 정도 사회적 지위도 생기고 결혼할 준비도 되었습니다. 어머니께서 부유하고 배경이 좋은 신붓감을 물색하여 약혼도 하였습니다. 그런데 아우구스티누스는 결혼하여 출세의 길로

5   https://en.wikipedia.org/wiki/Augustine_of_Hippo, [2024. 4. 3. 접속].

들어서는 것을 망설입니다. 무엇 때문에 아우구스티누스는 보장된 길로 가는 것을 주저하고 있는지 궁금합니다. 얼마 전『고백록』강의를 하던 중 한 중학교 3학년 정도 되는 남학생이 이렇게 질문했던 것이 기억납니다. "아우구스티누스가 사귀던 여자 친구와는 어떻게 되었어요? 헤어졌나요?" 십대에게는 무엇보다도 아우구스티누스의 연애 이야기가 궁금했던 것 같습니다. 아쉽게도『고백록』에서 아우구스티누스는 여자 친구 이야기를 아주 잠깐 언급합니다. 하지만 자세히 이야기하지는 않습니다. 사실 아우구스티누스는 사귀던 여자 친구와의 사이에서 결혼하지 않은 채 일찌감치 아들을 하나 낳았습니다. 하지만 결혼은 하지 않은 채 함께 살았습니다. 여자 친구와는 신분이 많이 차이가 나서 결혼할 수는 없었던 것 같습니다. 지금의 관점에서는 선뜻 이해하기 힘들지만, 그 당시 사회에서는 신분의 차이가 나는 사람들끼리 정식으로 결혼하기는 어려웠습니다. 궁정 교수인 아들의 출세를 바라는 어머니가 좋은 집안의 여자와 결혼을 주선하면서 여자 친구와는 마음 아프게 헤어졌습니다. 여자 친구와 헤어진 후 어머니 모니카(Monica)와 아들 아데오다투스(Adeodatus, '하나님의 선물'이라는 뜻)와 함께 살았습니다. 훌륭하게 아들이 자랐지만 아들도 젊은 나이에 죽고 맙니다. 이후로 아우구스티누스는 결혼하지 않았고 나중에는 교회의 사제가 됩니다. 아우구스티누스는 명성을 얻는 문턱에서 이별을 경험합니다.『고백록』에서 아우구스티누스는 많은 부끄러운 일들을 스스럼없이 털어놓았지만 여자 친구와의 이별 이야기만큼은 입 밖으로 내지 않았습니다. 아마도 그 기억은 다른 사람은 상상할 수 없는 매우 고통스러운 것이었다고만 짐작해야 할 것 같습니다.

이런 아우구스티누스의 개인사를 들여다보고 나니 아우구스티누스가 여러 가지 일들로 마음의 고뇌가 심했을 것 같다는 생각이 듭니다. 여러분 가운데 아우구스티누스처럼 비밀스러운 연애로 덜컥 아기를 낳은 사람이 있는지요? 그리고 경제력이 없는 부모님의 생활비를 벌어야 하는 처지에 있는 사람도 있을지 모릅니다. 아니면 이루어지지 못할 비련의 사랑에 속으로 고뇌하는 사람이 있는지요? 또 다 키워 놓은 자녀를 잃는 비통함을 느껴본 적이 있나요? 아마도 여러분들의 고민은 대개는 아우구스티누스의 고민보다는 좀 가벼울 것이란 생각이 들기도 합니다. 만약 아우구스티누스보다 더 어려운 고민이 있다면 여러분은 아마도 아우구스티누스의 마음을 잘 이해할 수 있을 것 같습니다. 그래서인지 아우구스티누스는 이런저런 복잡한 세상일에서 벗어나 영원히 행복한 삶을 사는 방법을 알고 싶어했는지도 모릅니다. 세상에서는 인정받기 시작했지만 이제 아우구스티누스가 좀 측은해 보입니다.

무화과나무 아래서의 눈물과 희망

이탈리아의 밀라노에서 세 얻어 살던 집의 정원에 나가 있던 어느 날이었습니다. 그 정원에는 아름다운 무화과나무가 한 그루 있었습니다. 마음이 울적할 때마다 아우구스티누스는 이 정원의 작은 동산을 이리저리 서성거리곤 했습니다. 그리고는 정원 가운데 있는 무화과나무 아래 앉아 있곤 했습니다. 여러분도 우울할 때면 자주 가는 곳이 있지 않은가요? 그곳은 아마도 거기에 가 있으면 마음이 편해지고 기쁨과 슬픔의 마음도 실컷 발산할 수 있는 그런 곳이겠지요. 아우구스티누스에게는 세들어 살던 집의 정원이 자신의 소중한 안식처였습니다. 특히 무화과나무 아래서 앉아 고단했던 하루를 돌아보며 상념에 젖어 있곤 했습니다. 그날도 정원을 거닐면서 아우구스티누스는 자기가 항상 고민하던 문제인 사라지지 않는 충동성에 괴로워했고 또 이것을 극복하지 못하는 나약한 자신의 모습을 자책하면서 우울한 시간을 보내고 있었습니다. 무화과나무 아래에 앉아 있던 아우구스티누스의 우울한 감정은 그날따라 더 깊어졌고 어느새 흐느끼고 있었습니다. 아마도 정말 잘 살아가고 싶은

데 어느 순간 또 무너져 버린 후 느끼는 절망감 같은 거라는 생각이 듭니다. 십 대 시절 배나무 사건을 통해서 맨 처음 충격적으로 깨달았던 자신에 대한 절망감이 되살아나온 것 같습니다. 열여섯 살의 도둑질 사건 이후 아우구스티누스는 죄에 대한 충동성을 그럭저럭 잠재우면서 살아왔다고 생각했습니다. 이제 자신이 잘하는 일을 찾아 어느 정도 인정도 받았고 어느새 서른 살이 넘었습니다. 그런데 아직도 두 마음 사이에서 방황하는 자신을 발견하고는 자신에 대한 혐오와 좌절이 엄습해 왔습니다. 이제 성공이 바로 코앞인데 이렇게 흘러가며 살아도 되는지 자꾸 회의감이 밀려왔습니다.

> 나에 대한 분노가 걷잡을 수 없이 치밀어 올라왔습니다. 그곳에 가는 길은 배나 수레나 발로 가는 길이 아니요, 집에서 우리가 앉아 있는 이곳까지 걸어온 그 거리도 안 되는 길이었습니다. 그 길을 따라갈 뿐만 아니라 그 길이 인도하는 목표에 도달하기 위해서는 의지만 있으면 되었습니다. 그러나 그 의지는 강하고 온전해야지 결코 때를 따라 이리저리 비틀거리고 흔들려서는 안 됩니다. 즉, 변하고 비뚤어지고 흔들려서 한쪽이 기울었다가 다른 쪽이 올라갔다가 하면서 몸부림치는 그런 의지는 안 됩니다.[6]

남들이 보기에는 성공적인 삶을 살고 있는 것처럼 보였지만, 아우구스티누스 자신은 아직도 십 대 시절과 같은 고민을 하고 있는 자신을 발견합니다. 아우구스티누스는 순간순간의 쾌락에 머물고 싶은 마음과 영원한 행복을 추구하는 마음 사이에서 이리저리 흔들리고 비틀거리고 있었습니다. 후회하지 않을 삶을 살고자 그렇게 마음을 다잡았지만, 어느 날은 이쪽으로 기울었다가 그다음 날은 또 다른 쪽으로 기울고 하는 삶의

---

6   아우구스티누스, 『고백록』, 264.

연속이었습니다. 이러한 자신에게 실망한 아우구스티누스는 더 깊은 절망감에 푹 잠겨 있었습니다. 그렇게 무화과나무 아래서 흐느끼던 중 아우구스티누스는 담장 밖 골목에서 아이들이 뛰어노는 소리를 듣습니다. 아이들은 노래하면서 놀고 있었습니다. 그런데 점점 아이들의 노랫소리가 아주 또렷하게 들리기 시작하였습니다.

들고 읽어라, 들고 읽어라

노래 가사는 바로 "들고 읽어라, 들고 읽어라. (라틴어로는 tolle lege, tolle lege)"라는 말이었습니다. 이 소리가 갑자기 자신에게 말하는 절대자의 고귀한 명령처럼 들렸습니다. 이 노랫소리는 마치 누군가 아우구스티누스의 귀에 확성기를 대고 크게 외치는 것과 같이 또렷하게 뇌리에 박혔습니다. 아우구스티누스는 누군가 자신에게 준엄한 명령을 내리고 있다는 생각이 들었습니다. 무엇을 들고 읽으라는 소리인가 하고 정신이 번쩍 들었습니다. 불현듯 집에 있던 어떤 책이 생각났고 집 안으로 단숨에 달려갔습니다. 그동안 거들떠보지도 않았던 성경책을 집어 듭니다. 그리고는 급하게 그 책을 펼쳐보았습니다. 그때 그의 눈에 들어온 구절은 다음과 같습니다. "방탕과 술 취하지 말며… 오직 주 예수 그리스도로 옷 입고 육신의 일을 도모하지 말라." 이 구절을 읽고 아우구스티누스는 이렇게 고백합니다. "나는 더 이상 읽고 싶지도 않았고 또한 더 읽을 필요도 없었습니다. 그 구절을 읽은 후 즉시 확실성의 빛이 내 마음에 들어와 의심의 모든 어두운 그림자를 몰아냈습니다."[7] 이제껏 아우구스티누스를 괴롭히던 저속한 쾌락을 사랑하는 마음과 선하게 살고자 하는 두 마음 사이에서의 방황은 이제 끝이 났습니다. 배나무로 상징되었던 그의 끝을 알 수 없던 충동과 방황의 시간이 이제 무화과나무 아래서 "들고 읽어라, 들고 읽어라."라는 노랫소리와 함께 끝날 수도 있다는 희망적인

7   위의 책, 273.

생각이 들었습니다. 아우구스티누스는 "방탕과 술 취하지 말라."는 구절을 하나님이 자신에게 내리는 명령이라고 받아들입니다.

[그림 3] Fra Angelico, 1430, 〈성 아우구스티누스의 회심
(The Conversion of St. Augustine)〉[8]

두 마음 사이에서 오랫동안 고민하던 아우구스티누스에게 이 글귀는 더 이상 방황하지 말고 한 방향으로 마음을 정하라는 명령이었습니다. 청년이 된 아우구스티누스는 이제 소년기에 시작된 오랜 방황을 마치기로 결정했습니다. 순간적 쾌락과 행복한 삶 사이에서 갈팡질팡했던 마음을 자극적 쾌락은 없지만 평안하고 행복한 삶으로 방향을 바꾸기로 하는 순간이었지요. 이제 아이의 삶에서 어른의 삶을 살기로 한 것입니다. 물론, 이후에도 아우구스티누스가 완전히 실수 하나 없이 살았다고 생각하지는 말기 바랍니다. 그것보다는 한 방향으로 자기의 길을 결정한 것이 중요합니다. 이 결정은 결코 가벼운 결정이 아니었습니다. 인생을 결정짓는 중요한 사건이자 결단이었습니다. 이 결정은 아우구스티누스에

8   https://en.wikipedia.org/wiki/Augustine_of_Hippo, [2024. 4. 2. 접속].

게는 하나님 앞에서의 결정이었습니다. 그 후 아우구스티누스의 방황은 멈추었습니다. 이미 한 가지 방향으로 마음을 정했기 때문입니다. 비록 실수가 있을 수는 있어도 이미 마음을 한 방향으로 정한 사람은 선한 길을 향해 계속 나아갈 것입니다. 순간적이고 자극적이었던 악한 쾌감의 유혹이나 달콤한 사탕발림의 속삭임은 결국 아우구스티누스 자신을 망치고 말 것임을 깨달았기 때문입니다. 아우구스티누스는 간절히 행복한 길을 찾으려 했고 그 결과 그는 해결책을 얻었습니다. 그 해결책은 마음을 한 가지로 정하라는 것이었습니다.

나의 책임자는 바로 나!

여러분과 아우구스티누스의 삶에 대하여 함께 나누어 보았습니다. 아우구스티누스가 우리에게 일기장을 펼쳐 보이듯 어쩌면 매우 부끄러울 수 있는 실수와 방황의 이야기를 매우 솔직하게 고백한 것이 여러분의 마음에 얼마나 다가갔는지요? 아주 옛날 사람이지만 아우구스티누스의 문제들은 지금 여러분들의 고민과 별로 다르지 않은 것 같습니다.『고백록』을 읽은 전 세계의 수많은 사람들이 왜 이렇게 이 책을 한번 읽어 보라고 했는지, 그 이유를 알 수 있을 것 같다면 이미 여러분은 행복한 삶을 살아갈 마음의 준비가 되어가고 있는 것입니다. 아우구스티누스가 방황 중에도 자기의 일을 포기하지 않고 터벅터벅 앞으로 나아갔던 것을 기억하기 바랍니다. 그리고 무엇보다 자신이 어떤 사람인지 파악하려고 진지하게 자기의 마음을 살펴보았던 것도 잊지 마세요.

여러분도 아우구스티누스처럼 해보세요. 나는 어떤 충동에 약하고 어떤 것은 잘 견딜 수 있는지 자신을 솔직하게 분석해 보세요. 그리고 나의 사용 설명서를 작성해 보세요. 나라는 사람을 나는 어떻게 다루어야 할지 차근차근 고민해 보세요. 그래야만 나의 제멋대로의 충동을 잠잠하게 할 방법을 하나둘씩 터득하게 될 것입니다. 그리고 감춰진 나의 가치를 하나둘 발견할 수 있을 것입니다. 사람은 누구든지 부족한 점도 있고 잘하는 점도 있다는 것을 잊지 말기 바랍니다. 그리고 누구나 한두 가지 재능은 있답니다. 여러분 속에 감추어진 아직 발견하지 못한 소소한 재능에 물을 주고 거름을 주고 또 강풍도 막아주며 무럭무럭 자라도록 해보세요. 오늘부터 나를 사랑하고 나를 책임지는 삶을 계획하세요. 그리고 꼭 나의 책임자는 이제부터 '나'로 정해보세요. 친구가 내 삶을 주도할 수 없게 하세요. 그리고 부모도 내 삶의 최종 책임자는 아니라는 점도 잊지 마세요. 자신에 대한 책임을 털썩 놓지 말고 끝까지 버티며 자신을 사랑하고 가꾸세요. 너무 힘들 때는 아우구스티누스처럼 어떤 절대적 존재, 즉 내가 진정 행복하기를 간절히 바라는 그 존재가 나에게 어떻게 살라고 말할지 곰곰이 생각해 보세요. 그러면 그 존재는 반드시 여러분에게 지혜로운 조언을 해줄 것입니다. 그 조언에 귀를 기울이며 하루하루 살아가세요. 그 하루하루가 여러분을 행복의 길로 데려다 줄 것입니다. 오늘, 이 이야기가 여러분의 삶에 전환점이 되기를 바랍니다. 행복한 삶을 선택한 미래의 여러분들에게 이 글을 선물합니다!

〈함께 생각하기〉

1. 나를 가장 아끼고 사랑해야 할 사람은 바로 (   )이다.

2. 나의 인생을 책임져야 하는 사람은 (   )이 아니다.

〈참고문헌/함께 읽으면 좋은 책〉

모파상, 기 드. 김동현 외 역.『목걸이 외 단편선』. 서울: 문예출판사, 2006.

샐린저, J. D. 정영목 역.『호밀밭의 파수꾼』. 서울: 민음사, 2023.

소로우, 헨리 데이빗. 강승영 역.『월든』. 서울: 은행나무, 2011.

아우구스티누스. 선한용 역.『고백록』. 서울: 대한기독교서회, 2015.

카뮈, 알베르. 이정서 역.『이방인』. 서울: 새움, 2022.

3

나로 숨 쉬는 나 :

오감 활동과 감정 표현이 주는 선물

이은정
(사단법인 동서지행포럼 선임연구원)

글쓴이 **이은정**은 숙명여자대학교에서 영문학(번역학 전공)으로 박사학위를 취득하고 현재는 중앙대학교 교양대학과 안양대학교 영미언어문화학과에서 시간 강사로 학생들을 가르치고 있습니다. 동서지행포럼 선임연구원으로 융복합인문연구를 하고 있으며, 시민인문학팀에서는 위기청소년들이 내면 소통의 힘을 길러 자기 자신과 건강한 관계를 맺을 수 있는 인문학 강의 계발에 힘쓰고 있습니다. CR번역연구소 연구원으로『레프트 비하인드1, 2, 5, 11』(홍성사)를 공역하였고,『올해 당신은 소설 쓴다』(더고북스), 중앙일보 해외 칼럼 등을 번역했습니다.

3
나로 숨 쉬는 나 :
오감 활동과 감정 표현이 주는 선물

'카 · 페 · 인 우울증'이라는 말을 들어본 적 있나요?

'카 · 페 · 인 우울증'은 커피를 많이 마셔서 생기는 우울증일까 싶지만, 카 · 페 · 인은 대중적인 3대 SNS인 카카오스토리 · 페이스북 · 인스타그램을 줄여서 만든 신조어랍니다. 친구에게 메시지를 보내려고 SNS에 접속하면, 자연스럽게 친구가 올린 '사진'이나 '동영상'을 마주하게 됩니다. 예쁜 옷, 멋진 여행지, 근사한 음식점, 가족과 환하게 웃고 있는 모습…. 이런 사진이나 영상을 보면 여러분은 기분이 어떤가요? 덩달아 행복한 기분을 느낄 때도 있겠지만 대개는 부럽거나 샘이 날 때가 더 많아요. 그래서 나만 힘들고 우울하게 사는 거 같아서 축 처지기도 하고요. 이렇게 다른 사람의 SNS를 보면서 느끼는 우울감이나 짜증, 무기력함을 '카 · 페 · 인 우울증'이라고 합니다.

모두가 잘살고 있는데, 나만 힘든 게 사실일까요?

우리의 삶은 희로애락. 곧 기쁘고, 화가 나며, 슬프고 즐거운 감정으로 엮어진다고 합니다. 기쁘고 즐거운 일은 SNS에 공유하기 쉽지만, 슬픈 일을 겪거나 속상한 일이 생길 때도 글과 사진으로 '카 · 페 · 인'에 올리나요? 사실 속상한 일은 누구에게도 들키지 않고 혼자 아무도 모르게 앓는 경우가 훨씬 많습니다. 자기만의 마음속 동굴에서 웅크린 채 말이죠. 이때 친구에게 연락이 오면 우리는 속마음을 숨긴 채 'ㅋㅋㅋㅋㅋ'라고 답변하거나 장난스러운 이모티콘으로 속마음을 들키지 않으려고 애씁니다. 인스타그램 팔로워 숫자가 수백, 수천 명이 넘지만, 마음을 털어놓을 친구를 찾기가 어렵고 외롭다고 느끼는 사람이 많은 이유랍니다. 아래 사진을 한번 볼까요?

우리집 강아지 '콩이'를 찾아보세요. 어느 쪽이 우리 콩이 일까요?

[그림 1] 강아지 '콩이': 보정 후 / 보정 전

콩이는 간식 앞에서 가장 눈이 반짝반짝해요. 왼쪽 사진은 간식을 높이 들고 찍은 후에 보정 앱으로 단장한 겁니다. 오른쪽 사진은 제 무릎 위에서 졸고 있는 모습으로 보정을 거치지 않은 일상의 실제 모습이랍니다. 왼쪽 이미지를 '카·페·인'에 올린다면 제 친구들은 오른쪽 모습을 상상조차 하지 못할 거예요. 왼쪽 이미지기에 익숙한 친구가 콩이를 만날 기회가 생긴다면 무척 실망할 수도 있고요.

인간관계도 비슷합니다. '카·페·인'에 어떤 보정도 하지 말고, 모든 걸 솔직하게 말하라는 뜻이 아닙니다. 우리가 카·페·인으로 소통하는 친구를 제법 많이 가졌지만 외로움을 느끼는 원인은 아이러니하게도 소통의 도구인 카·페·인 자체의 소통 방식이 한몫한다는 거예요. 팔로워 숫자를 소통 능력으로 판단해서 어떻게 '보여줄까,' 혹은 상대방에게 내가 어떻게 '보일까'가 중요한 기준이 될 수 있으니까요. 그러다 보니 '카·페·인' 친구는 참 많은데 솔직하게 마음을 터놓고, 있는 그대로의 나로 만날 수 있는 친구를 찾기란 점점 더 어렵습니다.

외로움은 더 커져만 가고요. 그러니 외롭고 힘들 때면 휴대폰을 만지

작거리며 친구의 SNS나 유튜브를 보거나 게임으로 잊으려는 대신, 내가 나의 가장 친한 친구가 되어 내 이야기를 들어주세요. 그럴 때 비로소 나로 숨 쉬며 자유롭고 행복한 삶을 살 수 있답니다. 우리 함께 그 길을 출발해 볼까요?

나를 행복하게 하는 오감 활동을 찾아봅시다

이제 우리는 '나로 숨 쉬며 나답게 사는 법'을 찾아가려고 해요. 먼저 나의 감각과 감정을 관찰하려고 합니다. 감각은 내 감정과 연결되어 서로 영향을 주고받습니다. 오감은 시각, 청각, 미각, 후각, 촉각을 말하잖아요? 내가 좋아하는 감각 활동을 충분히 누리고 내 감정을 잘 읽어주면 내 안에서 단단한 힘이 자라기 시작한답니다. 내가 좋아하는 감각을 활성화하는 첫 단계로 호흡을 통해 나의 몸을 정돈해 봅시다.

먼저, 긴 호흡으로 내 몸을 정돈합니다

조용히 눈을 감고 깊이 숨을 쉬어보세요. 우리는 숨을 쉬지 않으면 살아갈 수 없지만, 매번 나의 들숨과 날숨을 의식하며 쉬지는 않습니다. 천천히 숨을 깊게 들이마시고 내쉬기를 반복하며 호흡에만 집중해 봅니다. 횟수가 더할수록 숨을 더 뱃속 깊숙이 내려보세요. 입천장에 혀를 붙이고, 코로만 숨을 쉬어봅니다.

하나! 두..울! 세...엣! 네......엣! 다....아.......섯!

깊게 호흡을 들이마시고 내쉴 때마다 내 숨을 배에서 허리-다리-발바닥-발가락까지 천천히 보냅니다. 그렇게 숨을 보내는 상상을 하면 내 몸도 같이 쭈욱 펴진답니다. 다리를 쭉 뻗으면서 무릎도 돌려보고, 발끝을 세워 발목도 돌려보고 발가락도 개구리처럼 쫙 펼쳤다 오므려 봅니다.

이번에는 다시 배에서 가슴으로 호흡을 올리면서 가슴과 어깨를 활짝 펴고 상체를 세워봅니다. 팔을 쭉 뻗으며 손목을 돌려보고 손가락도 펼쳤다가 주먹을 쥐어봅니다. 다음으로 고개를 시계 반대 방향으로 돌려보고 나의 뇌로도 신선한 공기를 보내줍니다. 호흡을 얼굴로 가져와서 나의 두 눈과 코-입-귀를 찬찬히 훑어줍니다. 이렇게 5분 정도 호흡으로 내 몸을 샤워하고 나면 몸과 마음이 차분하게 정돈되고 머리가 맑아지는 게 느껴집니다.

그리고 내 안에 잠들어 있는 나의 오감을 깨워 주세요

오감, 즉 시각-후각-미각-청각-촉각 중에서 우리 뇌가 정보를 받아들일 때 가장 많이 사용하는 두 감각이 있는데요, 뭘까요? 맞습니다. 바로 시각과 청각입니다. 특히 스마트폰으로 웹 소설과 웹툰, 유튜브를 보고, 게임도 하고 인터넷 강의까지 듣는 요즘에는 시각 사용이 압도적으로 많습니다. 앞에서 다뤘듯이 인간관계에서도 필터링 된 시각 정보를 주고받고 있고요. 다른 사람의 반응이나 평가에 덜 휘둘리면서 나다움을 잘 지키려면 내가 가지고 있는 오감을 모두 활용해서 정보를 받아들이는 '연습'이 필요해요.

[그림 2] 좋아하는 오감 중 시각: 연둣빛 새순/ 벚꽃

지금부터 봄을 떠올리면서 내가 좋아하는 오감을 찾아봅시다. 먼저, 내가 좋아하는 장면이나 풍경을 떠올려 볼까요? 저는 나뭇가지에 꽃보다 먼저 고개를 빼꼼 내미는 연둣빛 새순이 더 예쁘더라고요. 학교 운동장에 핀 노란 개나리와 산수유나무도 있죠. 따스한 봄볕을 즐기며 낮잠 자는 고양이, 살랑살랑 부는 봄바람에 흐드러지게 핀 벚꽃잎이 흩날리는 모습도 우리를 설레게 합니다.

[그림 3] 좋아하는 오감 중 청각과 미각: 파도 소리와 진달래 화전

이번엔 소리로 가볼까요? 봄바람에 사라락거리는 나뭇잎 소리, 저녁 무렵 공원에서 들려오는 버스킹 노래, 겨우내 텅 비어있던 놀이터에서 아이들이 뛰어노는 소리에 기분이 설렌답니다. 아침에 베란다 문을 여는 순간 들려오는 새소리, 타닥타닥 장작 타는 소리, 해변의 파도 소리도 참 좋습니다.

봄 냄새에는 어떤 것들이 있을까요? 정원 곳곳에 숨어있는 야생화들이 뿜어내는 은은한 향기, 봄비가 땅에 투둑투둑 떨어지면서 흙먼지를 흩뿌리는 냄새, 살랑살랑 봄바람에 코끝을 스치는 라일락 향기도 참 좋습니다.

내가 좋아하는 봄맛에는 뭐가 있을까요? 하얀 찹쌀 반죽을 동그랗게 빚어서 진달래꽃을 꼭꼭 눌러 붙이고 기름에 지져서 꿀을 발라 먹는 진달래 화전, 달큰한 냉잇국과 쌉싸래한 쑥국도 봄을 대표하는 음식이죠. 냉이는 향긋함으로 잠든 미각을 깨우기도 하지만 겨울 땅을 이기고 올라온 첫 봄나물이라 향과 맛에서 씩씩한 기운이 느껴진답니다. 봄바람이 부는 저녁, 친구와 농구하고 마시는 시원한 콜라 한 모금도 빠질 수 없겠지요.

마지막으로 내가 좋아하는 봄의 촉감을 떠올려 봅니다. 내 등에 내리쬐는 따스한 봄 햇살, 두툼하고 묵직한 겨울 이불 대신 가볍고 포근한 봄 이불, 맨발로 걷는 이슬 스민 황톳길, 자전거를 탈 때 부딪혀 오는 샛바람이 떠오르네요.

자신이 좋아하는 풍경이나 소리, 향기, 맛, 촉감 목록을 적어보세요

여러분은 또 어떤 촉감을 좋아하나요? 저와 함께 봄과 관련된 오감을 찾아보면서 각자 좋아하는 오감 활동이 있었을 겁니다. 꼭 봄이 아니어도 좋습니다. 아래 초록색 네모 상자 안에 여러분이 좋아하는 감각 활동을 적어보세요. 쫄깃쫄깃한 식감이 맛있는 버블티, 주유소 기름 냄새, 빗소리, 힙합 음악, 털 뭉치의 폭신함 등등…. 내가 좋아하는 오감을 많이 찾을수록 좋습니다.

오감 목록을 만들어 놓으면, 내가 힘들고 지칠 때 즉각 해줄 수 있는 감각 활동을 쉽게 찾을 수 있습니다. 저는 몸과 마음이 지칠 때면 가까운 카페에 들러 홍차 티백으로 우려낸 밀크티를 마십니다. 따뜻한 밀크티를 한 모금 마시는 순간 후 숨을 내쉬며 '아, 살 것 같다'라는 말이 저절로 나오죠. 마음에 여유도 생기고요. 목록 중에서 지금 여러분이 자신에게 바로 해줄 수 있는 오감 활동을 해보세요.

<들려줄래? 네가 좋아하는 오감이 궁금해!>
내가 좋아하는 장면은 -
내가 좋아하는 소리는 -
내가 좋아하는 냄새는 -
내가 좋아하는 맛은 -
내가 좋아하는 촉감은 -

내 감정을 들여다보면 복잡한 마음을 풀 수 있어요

여러분은 힘들거나 짜증이 날 때면 어떻게 극복하나요? "에잇, 짜증나. PC방에 가서 게임이나 한판 해야지!"라고 말하거나, 스마트폰을 꺼내서 유튜브나 인스타그램을 볼 것 같아요. 매운 음식을 먹거나 이불을 뒤집어쓰고 잠을 청할 수도 있고요. 그런데요, 그렇게 하면 정말 괜찮아지던가요? 게임을 하는 동안에는 잠시 잊었다가 PC방을 나서는 순간 다시 그 감정이 올라오지 않던가요? 이렇게 문제와 직면하지 않고 다른 것에서 답을 찾는다면 계속 마음이 무거운 상태로 있거나 아무것도 하고 싶지 않은 무기력한 상태를 겪는답니다. 특히 분노나 짜증은 꾹꾹 눌러 담기만 하면 한순간 터져서 엉뚱한 사람한테 화풀이하거나 물건을 부수거나 자기 몸에 상처를 내기도 합니다.

감정은 우리에게 에너지를 불어넣어 주기도 하고 멈추게도 하는 엔진 같습니다. 자동차를 오래 사용하려면 엔진 오일도 갈아주고 검사도 정기적으로 해줘야 합니다. 엔진 상태를 무시하고 타기만 하면 어느 날 갑자기 도로 한가운데서 차가 멈춰버릴 수 있습니다. 내 감정도 그냥 '괜찮아, 괜찮아'하면서 넘기다 보면 한순간 무너질 수 있어요. 엔진을 잘 관리하면 먼 거리도 힘차게 갈 수 있듯이, 내 감정을 잘 들여다보면 다른 사람에게 덜 상처받으며 나도 살아갈 수 있는 큰 힘을 갖게 됩니다.

그럼 어떻게 해야 내 감정을 잘 다룰 수 있을까요? 외국 영화나 드라마를 보려면 우리말로 번역된 자막이나 더빙이 필요하죠. 감정도 똑같답니다. 뭔지 모르게 기분이 나쁘고 마음이 답답하다면 그런 내 감정을 말로 표현하는 과정이 필요해요. 터지기 일보 직전의 감정이라도 내 감정을 글로 끄적끄적 적어보는 순간 흐물흐물 힘이 빠져버리거든요. 평소에 내가 자주 사용하는 감정 단어가 있나요? 기분이 좋을 때와 나쁠 때로 분류해서 한번 생각나는 대로 적어볼까요?

<평소에 내가 자주 사용하는 감정 단어>

기분이 좋을 때 :

기분이 나쁠 때 :

몇 개나 적었나요? 내 기분을 표현하는 데 반복적으로 사용하는 단어가 많아서 6~8개 이상 쓰기 쉽지 않았을 거예요. 그만큼 우리가 감정을 덩어리로 표현한다는 의미인데, 그 감정 덩어리를 다양한 감정 단어로 나눠봅시다.

감정이라는 덩어리를 다양한 감정 단어로 세분화해서 표현해 보세요

《인사이드 아웃》은 2015년 픽사스튜디오에서 제작한 애니메이션 영화로, 미네소타의 작은 마을에서 살던 라일리 가족이 샌프란시스코라는 대도시로 이사를 오면서 라일리가 겪는 감정 변화를 감정 캐릭터를 통해

표현합니다. 라일리는 낯선 도시 생활을 힘들어하며 예전 마을과 친구들을 그리워하죠. 라일리가 전학 간 학교에서 주눅이 들 때, 감정 본부에 있는 감정 캐릭터인 기쁨이(Joy), 슬픔이(Sadness), 까칠이(Disgust), 소심이(Fear), 버럭이(Anger)가 라일리를 행복하게 해주려고 온갖 방법을 동원합니다. 그런데요, 영화에서 감정본부는 바로 라일리의 뇌에 위치합니다. 기쁨이가 위축된 라일리에게 용기를 주려고 생각한 방법도 핵심기억장치에서 즐거웠던 추억을 꺼내는 것이었죠. 우리가 좋아하는 감각 활동도 곰곰이 생각해 보면, 그것이 과거의 행복했던 경험과 깊게 연결되어 있을 때가 많습니다. 감각을 통해 주변 세계를 경험하고, 이러한 경험이 우리 뇌 속에 정보로 저장됩니다. 그리고 이때 우리의 감정도 함께 저장되는 거죠. 앞에서 내가 좋아하는 오감 활동을 찾아봤으니 이제 나의 감정을 자세히 관찰해 봅니다. 영화에서 기쁨이는 즐겁고 기쁜 감정을, 슬픔이는 우울하고 슬픈 감정을 나타냅니다. 소심이는 두렵고 불안한 감정을, 버럭이는 화를, 까칠이는 역겨움이나 불쾌함을 드러내지요. 각 캐릭터를 중심으로 감정 단어를 분류해 보았는데요[1], 함께 '소리 내어' 읽어봅니다.

기쁨이 (기쁨/즐거움)	가볍다 고맙다 개운하다 끌린다 기쁘다 나른하다 다정하다 따뜻하다 두근거린다 든든하다 뭉클하다 벅차다 반갑다 뿌듯하다 사랑스럽다 산뜻하다 상쾌하다 설렌다 신기하다 신난다 아늑하다 여유롭다 열정적이다 자랑스럽다 자신있다 재미있다 짜릿하다 즐겁다 통쾌하다 평온하다 편안하다 푸근하다 홀가분하다 후련하다 흐뭇하다 흥미롭다

---

1   감정단어는 NVC출판사에서 발행한 비폭력대화공감카드와 한국콘텐츠미디어에서 발행한 공감능력UP 감정카드를 참조하여 재구성하였음.

슬픔이 (우울/슬픔)	괴롭다 낙담하다 불쌍하다 비참하다 서글프다 서럽다 서먹하다 서운하다 섭섭하다 속상하다 슬프다 쓸쓸하다 실망스럽다 아쉽다 안타깝다 외롭다 우울하다 울적하다 절망스럽다 좌절하다 허전하다 허탈하다 헛헛하다 후회스럽다
소심이 (걱정/두려움)	긴장된다 놀라다 눈앞이 캄캄하다 두렵다 막막하다 무섭다 불안하다 서먹하다 심란하다 암담하다 어색하다 위축된다 조마조마하다 초조하다 혼란스럽다
버럭이 (짜증/분노)	괘씸하다 답답하다 못마땅하다 미칠 것 같다 분통터진다 분하다 신경질난다 심술난다 약오르다 얄밉다 어이없다 억울하다 열받는다 원망스럽다 지겹다 지긋지긋하다 황당하다
까칠이 (불편/불쾌)	거북하다 곤란하다 귀찮다 께름직하다 멋쩍다 부담스럽다 심심하다 지겹다 지루하다 찝찝하다

[표 1] 감정 단어 분류

어떤가요? 내가 평소에 사용하는 감정 단어보다 훨씬 다양한 표현들이 있지요. 물론 우리가 표현하는 감정 단어는 표의 목록보다 훨씬 더 많습니다. 마음이 답답하고 복잡한 이유는 기쁨이나 슬픔, 분노와 두려움과 같은 큰 덩어리 아래 여러 갈래의 감정이 겹쳐 있기 때문이에요. 예를 들어 라일리가 전학을 간 첫날 교실에서 느낀 감정은 낯선 곳에 대한 두려움과 불편함, 그리고 옛 친구들을 더 이상 만나지 못한다는 슬픔이 섞여 있었겠죠. 그리고 각 감정을 자세히 들여다보면 긴장되고 막막하고 어색하며, 서먹하고, 심심하고, 우울하고, 외로웠을 겁니다. 나의 선택이 아닌 부모님이 결정한 일이니, 억울하고 원망스럽기도 하고요.

내 속을 시원하게 긁어주는 감정 단어를 찾았어요!

우리가 함께 라일리의 감정을 읽어봤다면 이번엔 나의 감정을 관찰해볼까요? 감정 목록에서 각 단어를 읽을 때 눈에 꽂히는 단어가 있지 않았나요? 그 단어를 소리내어 읽는 순간 뭔가 내 속을 시원하게 긁어주는 느낌이 들었다면... 정말 축하해요! 그 단어가 지금의 내 감정과 일치했다는 뜻이랍니다. 감정단어로 되돌아가서 하나씩 크게 소리 내어 다시 한번 읽어볼 텐데요, 이번에는 펜을 들고서 마음에 '꽂히는' 혹은 '시원함'을 느끼는 단어에 동그라미로 표시해 보세요.

어떤가요? 어떤 감정 목록에 가장 많은 표시가 되었나요? 지금 표시한 단어를 앞에서 적은 내가 자주 사용하는 감정 단어 옆에 함께 적어보세요. 아마도 내가 '짜증나' 혹은 '킹받네'라고 표현했던 감정 덩어리가 '서운하다 섭섭하다 억울하다 답답하다 열받고 분하다...'등과 같은 말로 표현됐을 겁니다. 이렇게 하나의 감정 덩어리를 잘게 쪼개서 표현하는 것만으로도 마음이 한결 가벼워집니다.

〈인사이드 아웃〉이 전하는 감정의 힘, 감정 표현은 성장입니다

일상에서 우리는 긍정적인 감정을 느낄 때가 많을까요, 부정적인 감정을 느낄 때가 많을까요? 감정 단어에서 슬픔과 두려움, 분노와 불쾌함의 단어 수가 기쁨의 단어보다 훨씬 많듯이 부정적인 감정을 겪을 때가 훨씬 많습니다. 그런데요, 이 부정적인 감정이 나쁘기만 한 걸까요? 아닙니다. 각 감정이 내게 주는 힘이 분명히 있답니다.

인간은 태어날 때 기분이 '좋아', '나빠'라는 두 감정으로만 느끼다가 점점 여러 갈래의 감정으로 발달하게 된다고 해요. 영화에서 라일리가 태어났을 때 처음 등장하는 감정 캐릭터가 기쁨이와 슬픔이였던 것도 이런 이유에서였어요. 소심이와 까칠이, 버럭이는 라일리가 자라면서 나중에 차례차례 등장합니다. 그리고 이들 감정이 라일리의 성장 과정에 어떤 역할을 하는지 설명하는 장면이 나옵니다. 한번 살펴볼까요?

먼저 "쟤는 소심이야. 소심이는 라일리를 안전하게 잘 지켜줘(That's Fear. He is really good at keeping Riley safe)"라고 합니다. 소심이 Fear는

두려움을 뜻합니다. 두려움이라는 감정은 우리 자신을 위험에서 지켜주는 역할을 한다는 뜻입니다. 예를 들어볼까요? 친구 집에서 놀다가 집에 가려고 보니 벌써 어두운 저녁이 된 거죠. 집까지 가는 데 두 가지 선택지가 있습니다. 가깝지만 어두운 골목길과 환한 대로변이지만 멀리 돌아가야 하는 길이 있다면 여러분은 어떤 길을 택할 건가요? 저라면 어두운 골목길은 무서우니까 시간이 걸리더라도 환한 길로 돌아갈 거예요. 꼭 골목길로 가야 하는 경우라면 숨을 꾹 참고 전력 질주를 해서 골목을 통과할 테고요. 새 학기 낯선 교실에 들어서면 긴장되고 말도 잘 안 나오나요? 나를 안전하게 지키고 싶은 반응일 수 있습니다. 그런데요, 어떤 면에서 두려움은 내가 그동안 하지 않았던 새로운 경험에 도전하고 있다는 사실을 보여줍니다. 우리가 늘 하던 일을 할 때는 긴장하지 않지요. 내가 어떤 과제를 수행하는데 두렵고 걱정이 앞선다면, '아, 내가 그동안 해보지 않은 새로운 경험을 도전하고 있구나'라고 생각하고 나를 응원하세요. 과제의 성공과 실패보다 새로운 일에 도전한 자체가 자신이 성장하는 것이니까요.

"쟤는 버럭이야. 버럭이한테는 옳은 일을 하는 게 정말 중요해(That's Anger. He cares very deeply about things being fair)"라는 대사를 볼까요? 버럭이 Anger는 분노를 뜻합니다. 분노는 내가 옳다고 생각하는 가치가 훼손됐을 때 느끼는 감정이에요. 운동경기에서 페어플레이(fair play)라는 말을 자주 사용하죠. 반칙하지 말고 규칙을 잘 지켜서 정정당당하게 경기하자는 뜻입니다. 그런데 자기 삶에서 중요하다고 여기는 가치의 기준이나 우선순위가 다를 수 있기에 분노의 포인트 역시 개인마다 다를 수 있어요. 예를 들어 친구와 함께 학교 과제를 수행하다가 배가 고파요. 나는 밥을 먹고 와서 과제를 마저 끝내고 싶어요. 그런데 친구는 과제를 다 끝내고 홀가분한 마음으로 밥을 먹고 싶다고 합니다. 누가 맞다 틀리

다가 아니라 서로 중요하게 생각하는 우선순위가 다른 겁니다. 그러니까 내가 어떤 상황에서 버럭하는지, 어떤 말을 들었을 때 감정이 폭발하는지를 잘 관찰해 보세요. 내가 화를 내는 포인트를 알고 나면 상대방에게도 미리 알람을 보낼 수 있고, 자신도 분노의 정도를 조절할 수 있게 됩니다.

"쟤는 까칠이야. 라일리를 해로움에서 지키는 일을 해(That's Disgust. She basically keeps Reily from being poisoned)"라는 대사도 볼까요? 까칠이 Disgust는 혐오, 불쾌한 감정을 말합니다. 'keep from ~ing'는 어떤 것으로부터 막는다, 지켜준다는 뜻이고 'poisoned'는 해롭게 되는 걸 뜻합니다. 그러니까 불쾌함은 무언가가 나의 몸과 마음을 해치지 못하게 지켜주는 감정이에요. 만일 집에서 식탁 위에 있던 계란찜을 먹으려고 뚜껑을 열었는데, 퀴퀴한 냄새가 확 올라오고 색깔도 칙칙해 보이면 어때요? '우웩! 뭐야 상했잖아'하면서 인상을 찌푸리고는 뚜껑을 닫아버리겠죠. 내가 어떤 행동을 하려 할 때도 왠지 이러면 안 될 것 같다는 꺼림칙한 마음이 생긴다면 멈춰보세요. 자신이나 다른 사람에게 해를 끼치거나 불편하게 할 수 있으니 내 양심에서 하지 말라고 보내는 신호일 수 있습니다.

슬픔(Sadness)은 있는 그대로의 나, 나에게 닥친 상황을 그냥 받아들이게 하는 힘이 있습니다. 영화에서 어린 시절의 라일리가 좋아한 인형, 빙봉이가 우는 장면이 있어요. 빙봉이는 어느새 십 대로 훌쩍 커버린 라일리가 더 이상 자기를 찾지 않는다며 슬퍼하죠. 함께 모험을 떠나야 할 빙봉이 엉엉 울기만 하니까 기쁨이는 억지로 기분을 달래서 가리려고 하지만 빙봉은 꼼짝도 하지 않아요. 그런데 슬픔이가 빙봉이 옆에 가만히 앉아서 빙봉이가 하는 말을 들어주고 그 마음을 공감하며 함께 울어줍니다. 그러자 빙봉이는 눈물을 훔치며 자리에서 일어나 다시 씩씩하게 모험을 떠납니다. 내 마음이 힘들 때 억지로 기분을 전환하려고 하지 말고 나의 힘든 마음을 그대로 읽어줄 때 비로소 진짜 힘이 생긴다는 걸 보여주는 장면이랍니다. 노란색 기쁨이의 머리가 슬픔이를 상징하는 '파란색'인 이유도 기쁨만이 아니라 모든 감정이 각기 다른 힘을 가지고 우리를 성장시킨다는 메시지에요. 내가 느끼는 감정은 그것이 슬픔이든 분노이든 두려움이든 다 이유가 있습니다. 내 감정을 잘 느껴보고, 감정이 보내는 메시지가 무엇인지 나에게 물어보세요. 그리고 서두르지 않고 조용히 기다려 보세요. 내 안에서 답을 보내줄 겁니다.

나의 가장 좋은 친구인 나를 사랑할 때, 부쩍 성장해 있는 나를 만날 거예요

아무도 내 맘을 몰라주는 것 같고, 그래서 외롭고 막막한 시간은 앞으로도 계속 우리를 찾아올 거예요. 그럴 때 오늘 배운 것을 실천해 보세요. 유튜브에서 자연의 소리나 명상의 소리를 들으며 해도 좋습니다. 숨부터 천천히 내쉬며 나한테 말을 걸어보세요. 내가 잘 들어줄게 하고 말이죠. 친구한테 이야기하듯이 하고 싶은 말을 다 털어놓아 봅니다. 앞에서 다룬 감정 단어를 섞어서 내 감정을 표현해 보세요. 말로 표현하기 어색하다면 노트에 생각나는 대로 모두 적으세요. 때로는 눈물이 왈칵 나기도 하고, 자신도 모르게 욕이 튀어나올 수도 있어요. 종이가 찢어질 듯이 선만 휘갈겨도 좋습니다. 그렇게 한참 쏟아내고 나면 '후우' 숨을 내쉬는 순간이 올 겁니다. 이때, 또 나를 기다려 주세요. 배가 고프면 맛있는 음식을 먹고, 바람을 쐬고 싶다면 산책을 해요. 또 늘어지게 잠을 잘 수도 있지요. 내가 내 편이 되어주지 않으면 나를 자책하거나 남 탓을 하는 사람이 되기 쉽습니다. 그러니까 지금 문구점에 가서 가장 마음에 드는 노트를 골라 나만의 감정 낙서장을 만들어 보세요. 그림도 그리고 낙서도 마음껏 할 수 있는 도화지 같은 노트면 더 좋습니다. 내가 감정 낙서

장을 한 장 한 장 채워 넘길 때마다 다른 사람의 말에 쉽게 휘둘리지 않는, 옹골찬 사람으로 성장해 있는 나를 분명히 만나게 될 테니까요.

〈함께 생각하기〉
1. 내가 힘들 때 가장 쉽게 나를 위로할 수 있는 감각 활동은
(   )이다.

2. 나는 (   ) 말을 들을 때 가장 많이 화가 난다. 왜 그런가요?

〈참고문헌/함께 보고 읽으면 좋은 책과 자료〉
디트마, 비비안. 정채현 역. 『느낌은 어떻게 삶의 힘이 되는가』. 서울: 한국NVC출판사, 2023.
카메론, 줄리아. 이상원 역. 『아티스트 웨이, 마음의 소리를 듣는 시간』. 서울, 비즈니스북스, 2022.
한국NVC출판사 편집부. 『비폭력대화 공감카드 게임 그로그』. 서울: 한국NVC출판사, 2020.

영화 〈인사이드아웃〉. 2015.

4

동서고전과 영화를 통해서 본 인생이야기

박형진
(햇불트리니티신학대학원대학교 교수)

글쓴이 **박형진**은 대학에서는 자연과학을 공부하였다. 대학원과정부터는 신학을 공부하고 미국 Princeton Theological Seminary에서 선교역사와 지구촌기독교 연구로 박사학위를 받았다. 현재 햇불트리니티신학대학원대학교에서 선교학교수로 재직하고 있다. 한국연구재단의 인문학대중화사업지원으로 자서전쓰기강좌를 진행하기도 하였다. 동서지행포럼 시민인문학팀과 옛적길동화모임에서 자연과학과 역사, 철학, 문학 등 인문학적 주제로 위기청소년들에게 다양한 강좌를 하고 있다. 저서로는 『지구촌기독교 선교 역사 이해의 지평들: 아돌프 하르나크에서 앤드루 월스까지, 선교역사가 8인의 눈으로 본 기독교』(서울: IVP, 2023)가 있다.

4
동서고전과 영화를 통해서 본 인생이야기

인생은 나그네길이랍니다

시민인문학팀이 속해 있는 동서지행포럼에서는 동양과 서양의 지혜를 배우고 배운 지혜를 실제 삶에 실천적으로 접목하는 것, 곧 '아는 것과 행하는 것이 하나가 되는 것이 중요하다'라는 '지행일치'의 철학을 가지고 여러 강좌를 준비하고 있습니다. 오늘 저는 여러분들과 함께 옛것과 지금껏 모두를 아우르는 공통적인 인생의 지혜를 찾아보고자 고전들과 영화들을 예로 들어가며 이야기를 꾸려 보겠습니다. '인생은 무엇인가'라는 주제에 초점을 맞추어 강의를 진행해 보려고 합니다.

이 주제에 걸맞는 노래가 있어서 소개합니다. 1960, 70년대를 풍미한 가수 최희준 씨의 "하숙생"이라는 노래입니다. "인생은 나그네길..."이라는 가사로 시작하는 이 노래의 멜로디를 들어본 적이 있나요? 제가 어릴 때 참 많이 들었던 노래인데, 저에게는 가사가 쉽게 잊히지 않는 노래입니다. 저의 머릿속에서 오랫동안 머물러 있는 데에는 그만큼 가사가 주는 뜻이 있는 것 같습니다. 또한 옛 유행가 중에는 가사의 내용이 유치하다고 생각되는 노래들도 있는데, 유치하다고만 생각하지 말고 잘 들어보기 바랍니다. 말장난처럼 들릴지 모르지만, 유치라는 말을 거꾸로 해보면 치유라는 단어가 되는 것처럼 때로는 유치한 것이 치유의 효과도 가져오는 경우가 있습니다.

생각나는 고전 있으세요?

자, 그러면 고전 이야기부터 시작해 볼까요? 여러분들이 읽어본 고전들도 많이 있을 텐데, 여러분들이 지금까지 읽었던 고전들 가운데 기억나는 것들이 있으면 떠올려 보기 바랍니다. "옛날 책들만 고전에 해당 되나요?" 하는 질문이 있을지 모르겠는데, 사실 최근에 나온 책들이라도 고전적 가치가 있는 책들이 있습니다. 그러한 책들도 한번 생각해 보기 바랍니다. 이 고전들이 가지고 있는 주제는 무엇입니까? 예를 들어, 권선징악은 고전에 대표적으로 많이 들어있는 주제입니다. 선과 악에 대해서 분명하게 가려주는 그런 기능을 하고 있습니다. 또 어떤 기능들이 있을까요? 사회정의 같은 것도 있습니다. 또 휴머니즘에서 빠질 수 없는 주제가 있는데... 사랑이라는 주제를 빠뜨려서는 안 되겠지요. 『춘향전』과 같은 작품의 주제입니다. 『심청전』에서는 무엇이 또 다른 주제일까요? 한국의 대표적인 사상인 효를 주제로 한 작품입니다. 또 어떤 주제들은 인간의 악한 면, 죄성을 폭로하는 그러한 작품들도 있습니다. 『홍길동전』, 『전쟁과 평화』, 『누구를 위해서 종을 울리나』 등의 작품들에서 여러 주제들을 뽑아 볼 수 있지만, 그 주제들이 상이한 점들도 있는 반면 대체로 유사한 점들이 발견되기도 합니다. 제가 왜 이런 말씀을 드리는가 하면 결국은 고전의 역할은 인생을 그려내는 것이고, 인간의 실존을 그려내는 것인데, 그러다 보면 인간 실존의 공통점들을 이야기할 수 있다는 것입니다.

컴퓨터 애플 창시자인 스티브 잡스(Steve Jobs) 아시죠?

고전 이야기를 조금 더 하기 전에 한 사람을 소개해 드리겠습니다. 스티브 잡스(Steve Jobs)입니다. 워낙에 유명한 분이니까 제가 여러분들에게 군말로 설명하지 않아도 될 것 같습니다. 사실 그가 세상을 떠났을 때 저의 딸이 저에게 문자를 보내왔었어요. 그때까지만 해도 저는 스티브 잡스가 누구인지 특별한 관심도 없었습니다. 이분은 컴퓨터업체인 애플사를 처음 만든 분이지요. 이 스티브 잡스가 이러한 이야기를 했습니다. 참 의미 있는 이야기인 것 같아서 제가 영어 원문을 우리말로 번역해 보았습니다. "우리 인생을 뒤돌아보는 시점에서야 비로소 우리 삶의 점선

이어가기를 할 수 있다." 여러분들 어렸을 때 점선 이어가기를 한 번쯤은 해 보셨죠. 점 옆에 번호가 있고 번호 순서를 따라 점과 점 사이를 선으로 잇지 않습니까? 하나하나씩 이어가다 보면 나중에 토끼도 나오고 코끼리도 나오고 여러 가지 모양이 나옵니다. 스티브 잡스가 이 이야기를 했을 때는 본인이 암 말기 환자였을 때입니다. 미국의 유명한 대학, 서부의 하버드대학이라 불리는 스탠포드대학의 졸업 연사로 초청을 받아서 엘리트들 앞에서 그가 했던 연설 가운데 나오는 내용입니다. 제가 스티브 잡스에 관한 신문 기사라든가 뉴스, 잡지에 나오는 글들을 읽어보면서 도대체 이 사람이 왜 그렇게 유명한 사람이 되었을까 생각해 보았습니다.

스티브 잡스는 출생으로 이야기하자면 상처가 많은 사람입니다. 그는 원래 친부모가 있었지만, 그 부모가 도저히 아이를 키울 능력이 안 된다고 생각해서 비록 유산을 하지는 않았지만 낳자마자 이 아이를 양부모에게 맡기기로 했습니다. 친부모가 어떤 양부모를 찾았는가 하면, 사회적으로도 명망이 있고 잘 배웠고 또 돈도 잘 버는 가정에 아이를 입양시키면 좋겠다 싶어서 변호사 부부라고 하는 사람에게 아이를 입양시켰던 것입니다. 그런데 나중에 보니까 변호사 부부라고 하는 사람들이 변호사가 되기 위한 대학원은커녕, 고등학교도 졸업하지 않았습니다. 그러니까 속은 것이지요. 스티브 잡스는 어떻게 보면 친부모한테도 버림받고 또 양부모한테도 속은 사람이 되었습니다. 이러한 환경 가운데서 자라난 잡스는 대학을 갔는데 미국 대학교 등록금이 결코 장난이 아닙니다. 어마어마한 금액이거든요. 그러니까 부모의 능력으로 볼 때는 자신이 도저히 대학을 다닐 수 있는 형편이 아니라는 사실을 깨닫게 되었고 결국 대학을 중퇴합니다. 중퇴할 생각을 하고 있었기에, 한 번은 아무 생각도 없이 대학 졸업과 상관없는 과목을 들었다고 합니다. 서체 혹은 글자체(calligraphy)를 가르치는 과목이 있었는데 그때만 해도 글자체를 가지고 뭐하겠느냐 생각하면서 우연치 않게 들은 수업이었다고 합니다. 그런데 나중에 애플사에서 소위 폰트(font)라는 것을 개발하면서 글자체를 만드는 것을 해보고 나니까, 그때 자신이 대학을 중퇴할 생각이 없었다면 '과연 그런 과목을 들었을까?'라는 생각을 했다는 거예요.

스티브 잡스는 또 자신이 창업한 애플사에서 쫓겨납니다. 쫓겨난 이후에 무엇을 하였냐면 할리우드에 가서 〈토이 스토리〉(Toy Story)라고 하는 컴퓨터로 만드는 만화영화를 제작하는 '픽사 애니메이션 스튜디오'라는 회사를 설립합니다. 이것이 영화 사업에 새로운 활로를 개척해 주고 자신을 굉장히 성공하게 만든 하나의 요소가 되었다고 하는데, 이것도 가만히 보니까 애플사에서 쫓겨나지 않았으면 그것을 만들어 볼 생각을 전혀 하지 않았을 것입니다. 그리고 보니까 자기의 지나온 과거를 돌아보면서 그때는 전혀 의미 없이 생각했던 그러한 일들 하나하나가 점선처럼 이렇게 이어지면서 오늘날 자신의 모습을 그려낸 일들이 되었고 새로운 가치와 의미를 찾았다는 것입니다. 그런 이야기를 하면서 학생들에게 이렇게 말했다고 합니다. "Stay hungry, stay foolish." 요령 피우지 말고, 우직하게, 늘 갈망함으로 무언가 찾으려고 하는 그 마음을 잊어버리지 말고 그렇게 살라는 뜻으로 설명할 수 있을 것입니다. 이제는 그 말이 스티브 잡스의 아주 유명한 명언이 되었습니다. 그의 이야기를 보면서 제가 얻은 것이 "아 그렇구나, 어떻게 보면 불행한 과거라 할지라도 뒤를 돌아보면서 삶의 의미와 가치를 얼마든지 다시 발견하여 볼 수 있겠구나"라는 것입니다. 이것은 우리 모두의 얘기가 되지 않을까 생각해 봅니다. 우리 모두의 삶이 다양하고 배경이 다르지만 이렇게 뒤돌아보는 데서 우리가 건질 수 있는 것이 참 많다는 생각을 해보게 됩니다.

서양의 고전들은 어떤 주제들을 말해주고 있을까요?
다시 고전으로 돌아가 볼까요? 『그리스 로마 신화』라는 아주 중요한 작품, 곧 고전 중의 고전이 있습니다. 『그리스 로마 신화』는 기원전 8세기 호머(Homer)라고 하는 사람이 쓴 전설적인 작품입니다. 여러분들이 어렸을 때 아마도 『만화, 그리스 로마 신화』를 읽어보았을 겁니다. 호모의 대표적인 책이 두 가지가 있는데, 하나는 『일리아드』라고 하는 책이고, 또 다른 하나는 『오딧세이』라고 하는 책입니다. 아킬레스라는 이름 들어 보셨죠. 우리 몸에도 아킬레스건이라고 발목 뒤에 있는 근육이 있습니다. 이게 끊어지면 사람이 걷지도 못하고 뛰지도 못하지요. 그 아킬레스라고 하는 이름이 나오는 작품이 바로 『일리아드』입니다. 『일리아드』는 전쟁 이야기입니다. 특별히 그리스의 도시국가 아카이아와 트로이 간의 전쟁입니다. 트로이의 목마 이야기도 들어보시지 않았나요? 군병들이 큰 목마 속에 복병으로 숨어 들어가 전쟁을 한 이야기는 유명한 일화입니다. 이와 같이 『일리아드』가 전쟁을 하는 이야기라면 『오딧세이』는 트로이 전쟁을 마치고 오디세우스라고 하는 장군이 집으로 돌아가는 긴 과정속의 여러 가지 에피소드들을 담아놓은 책입니다. 그래서 이 두 책을 한 마디로 요약하면 하나는 전쟁에 관한 이야기, 하나는 여정에 관한 이야기로 요약해 볼 수가 있겠습니다.

다음으로 소개해 드릴 고전은 그리스도교에서 경전이라고 이야기하는 성경입니다. 성경은 그리스도인들만 보는 경전이라고 하기 전에, 출판의 역사로 보면 사실상 가장 오래된 책이라고 할 수 있습니다. 그리고 가장 많이 출판된 책 중에 하나입니다. 번역으로 이야기하자면, 성경처럼 많이 번역된 책도 없을 것입니다. 그렇게 본다면 성경 자체가 '고전 중의 고전' 가운데 하나입니다. 성경의 내용도 보면 많은 전쟁과 싸움의 이야기가 나옵니다. 또한 여정의 이야기도 나옵니다. 구약성서에 나오는 아브라함이라고 하는 인물이 약속의 땅을 향해서 가는 과정이 성경에 첫번째로 나오는 『창세기』라고 하는 책에 기록되어 있습니다. 성경의 두번째 책으로 구약에 나오는 『출애굽기』에도 이집트에서 이스라엘 백성들이 탈출하여 홍해를 건너서 광야로 들어가 다시 아브라함에게 약속된 약속의 땅을 향해서 가는 과정이 나옵니다. 『창세기』에 한 사람과 그 가족이 가는 여정이 있었다면, 『출애굽기』에는 한 민족을 이루어서 다시 약속의 땅으로 들어가는 모습이 나옵니다. 어마어마한 군대의 행렬처럼 각 지파별로 이토록 많이 번성한 사람들이 행군하여 광야를 지나는 것을 연상해 보십시오. 이 과정에서 만나는 수많은 싸움에 관한 이야기들이 또한 성경에 기록되어 있습니다.

자, 이제 또 하나 고전을 소개해 드립니다. 우리에게는 『천로역정』이라는 제목으로 소개되었는데, 원래는 "순례자의 행보"(The Pilgrim's Progress)라는 제목의 책입니다. 17세기에 존 번연(John Bunyan)이라는 영국의 청교도가 쓴 책입니다. "성도"(Christian)라고 불리는 한 사람이 장망성(장차 망할 성읍, 또는 멸망의 도시)이라고 불리우는 도시에서 어떻게 천성을 향해서 가게 되는지 그 긴 과정에 관한 이야기를 아주 풍자적으로 묘사한 것입니다. 이 책도 영국에서 뿐만 아니라 전세계적으로 굉장한 베스트셀러가 되어서 성경 다음으로 가장 많이 출판, 번역된 책입니다. 이 내용도 보면 결국은 인생을 하나의 여정, 나그네 과정으로 그리고 있는 것을 보게 됩니다. 번연의 또 하나의 대표작인 『거룩한 전쟁』도 대표적인 고전입니다. 이 책은 제목처럼 싸움에 관한 내용입니다. 물론 여기에 나오는 싸움은 비유적인 것이 많습니다. 사람의 마음속에 있는 선과 악의 갈등, 인간의 내면에 좀 더 거룩해 지고 싶고, 좀 더 의로워지고 싶은 그러한 열망이 있는 반면에, 욕망에 따라 움직일 수밖에 없는 우리의 현실적인 괴리 속에서 갈등하고 힘들어하는 이 심리적 싸움의 모습들을 그려내고 있습니다. 이 두 기독교의 고전을 보면 대표적인 두 가지 주제를 가지고 있는 것을 볼 수 있습니다. 즉, 싸움과 여정입니다.

그렇다면, 드라마와 영화들은 무엇을 말해주고 있나요?

지금까지 고전들을 몇 가지 소개해 드렸는데 수많은 고전들을 짧은 시간에 다 말씀드리기는 어려울 것 같습니다. 그리고 그 많은 고전을 다 읽지도 못했고요. 그래서 일단 고전은 이 정도로만 소개를 드리고, 이제는 현대로 넘어와 영화 이야기를 하려고 합니다. 1966년에 나온 〈스타트랙〉이라는 드라마를 아시나요? 지금은 후세대(next generation) 이야기로 이어가는데, 엔터프라이즈라고 하는 비행선을 타고 혹성이라고 하는 지구를 포함한 여러 외계인의 세계를 탐방하는 이야기입니다. 거기서 벌어지는 수많은 싸움의 이야기, 희생의 이야기, 영웅들의 이야기, 또 사랑의 이야기 이런 것들이 어우러져서 나오는 이야기입니다. 이런 드라마도 가만히 보면 비슷한 이야기가 나옵니다. 어떤 미지의 세계를 향해서, 자신들이 추구하는 어떤 세계를 향해서 끝없이 가는 여정의 이야기와 또 그 속에서 싸워지는 수많은 인생의 싸움 이야기. 바로 위에서 언급한 공통된 요소들도 〈스타트랙〉에서 볼 수 있습니다. 또 비슷한 영화로 〈스타워즈〉라는 영화가 있습니다. 어떤 이야기인지 기억하시나요? 어릴 때 본 저로서는 R2-D2라고 하는 로봇이 나오는 것을 기억합니다. 결국 이것도 싸움에 관한 이야기이고 우주에서 벌어지는 전쟁의 서사적인 내용의 이야기로 한때 흥행을 하였던 영화입니다.

〈스타워즈〉보다는 나중에 제작된 영화로 『나니아 연대기』라고 하는 영국의 C. S. 루이스가 쓴 작품을 영화로 만든 것이 있습니다. 이상한 세계로 들어가는 장롱 속으로 네 남매가 들어가 마녀의 마법에 걸려있던 그런 세계에서 펼쳐지는 일들을 그린 것입니다. 사자와 마녀와의 싸움, 또 사자의 영웅적인 희생 속에서 모든 것이 회복이 되는 놀라운 회복의 이야기를 그린 환상적이고 우화적인 이야기입니다. 자, 여기도 보면 이상한 미지의 세계에로의 여정, 또 거기서 일어나는 수많은 싸움과 투쟁과 격전의 이야기입니다. 유사한 영화로 〈반지의 제왕〉이라는 영화도 알고 있나요? 지구 안의 소위 "가운데 땅"이라는 곳에서 일어나는 알지 못하는 운명적인 싸움의 원인이 어디서 시작되는지 알고 보니까 벌써 다른 시대, 다른 세계에 있었던 큰 이야기 속에 그 원인이 시작된 것을 알게 됩니다. 왜 운명적인 싸움이 시작되었고, 현재 겪는 어려움이 어디로부터 시작되어 풀려나가는지를 그린 하나의 서사적인 이야기의 영화라고 할 수 있습니다.

또 영화를 좋아하시는 분들은 멜 깁슨(Mel Gibson)의 〈브레이브 하트〉라는 영화도 보셨으리라 봅니다. 잉글랜드와 스코틀랜드 사이의 전쟁 이야기이죠. 잉글랜드와 스코틀랜드는 역사적으로 볼 때 굉장한 앙숙지간입니다. 한국과 일본이 서로 앙숙인 것처럼 잉글랜드와 스코틀랜드가 계속해서 싸우는데 그 싸움 속에서 자신을 희생하는 스코틀랜드의 유명한 영웅 윌리엄 월레스(William Wallace)의 이야기입니다. 러브 스토리, 치열한 싸움에 대한 이야기, 스코틀랜드의 아름다운 영웅담의 이야기가 우리에게 영화로 소개가 된 것입니다.

제가 자꾸 영화 얘기하니까 영화를 많이 못 보신 분들을 곤란하게 해 드린 건 아닌지 모르겠습니다만, 조금 더 이야기하겠습니다. 〈글래디에이터〉라는 영화도 있습니다. 스페인 출신의 한 로마 장군이 그 당시에 그렇게 로마를 괴롭혔던 게르만족과의 싸움에서 영웅이 되었죠. 결국 황제의 물망에까지 오르게 되는데, 황제의 철없던 아들이 결국은 시샘을 발동해 가지고, 이 위대한 장군의 가족들을 아주 무참히 살해합니다. 이 장군은 노예로 전락되어 내어 쫓기게 되는데 이후 검투사가 되어 결국 운명적인 만남에서 자신의 원수와 검투 대결을 하게 되는데 둘 다 죽게 되지요. 이 비운의 영웅을 일담으로 한 이야기입니다.

말씀드린 이런 영화들은 한국이나 미국이나 꽤 히트를 쳤던 인기 영화들입니다. 이런 영화들을 보면서 어떤 생각을 하게 되나요? 영화가 재밌다, 참 멋진 장면이구나, 이런 생각을 하게 됩니다. 그러나 좀 더 깊이 생각해 보면 저 영화를 쓴 사람의 마음은 무엇을 말하려고 하는 것일까 하는 생각도 하게 됩니다. 사실 거기까지 볼 수 있을 때 영화 감상이 되는 것이 아닐까요? 자막만 보는 것이 아니고 스크린 속에 투영된 작가의 마음과 생각을 보는 것입니다. 대게는 작가 자신의 모습을 그리는 경우가 많이 있습니다. 많은 영화를 보면 인간의 내면세계를 표출하고 그리는 영화들이 많은데 그 영화 속에서 이 작가가 이야기하고자 하는 메시지가 무엇이냐 하는 것을 보는 것은 어떻게 보면 작가의 경험이나 고민이 나타나는 것이라고 할 수 있습니다. 더 나아가면 인간의 보편적인 경험이 영화를 통해서 투사 된다고 볼 수 있습니다.

인생의 실존은 '여정이고 또한 싸움'이다!

제가 고전들을 대할 때에도 적어도 이 두 가지 주제는 거의 예외 없이 들어가는 것을 보게 됩니다. 그렇다면 이러한 시각으로 우리 삶을 다시 한번 살펴보면 어떨까요? 나는 어떠한 나그네 길을 걸어왔나? 내가 가려고 했던 길은 어떠한 길이었는가? 그리고 나는 누구하고 싸웠나? 나의 적은 누구였고 나를 참 힘들게 했던 것은 무엇이고 무슨 가치를 가지고 내가 싸웠는가? 이런 관점에서 우리의 삶을 조명해 봐도 상당한 소재가 나올 것 같습니다. 저도 가만 돌이켜 보니까 유치원 때부터, 초등학교, 중학교, 고등학교, 대학교, 군대에서 등등 매 시절마다 저를 힘들게 했던 사람은 꼭 한 명씩은 있었던 것 같아요. 그 사람이 나한테 가르쳐 준 것은 또 없었을까? 내 인생의 어떤 무엇을 가르쳐 준 것일까? 한 번 생각해 볼 수 있기를 바랍니다.

자, 마지막으로 영화 한 편만 더 소개하겠습니다. 〈버킷 리스트〉라고 하는 제목의 영화입니다. 이 영화의 두 주인공은 한 사람은 흑인이고 한 사람은 백인입니다. 두 사람의 공통점은 나이가 많다는 것과 둘 다 시한부 인생의 말기 암환자로서 같은 병동에서 살다가 친구가 된 사람들입니다. 이 두 사람이 만나서 서로 이야기를 주고받다가 죽기 전에 꼭 해보고 싶은 것들이 무언지 한번 적어나 보자고 합니다. 백인역의 사람은 그래도 꽤 돈이 있었던 사람입니다. 반면에 흑인역의 사람은 평범한 블루칼라의 직업을 가졌던 한 가장이었습니다. 두 사람의 소원을 나열한 리스트를 가만히 보니까 자전거 타기와 같은 상당히 소박한 것도 있고요, 아니면 좀 더 거창하게 자가용 비행기 타고 세계 일주를 한번 해보는 것, 또 전혀 현실적으로 불가능해 보이는 히말라야 정상까지 정복하고 오는 것 등도 있는 것을 보게 됩니다. 그런데 영화 제목이 왜 〈버킷 리스트〉일까요? 저도 사실 좀 궁금해서 인터넷으로 찾아보았습니다. 버킷(bucket)이라고 하면 우리 한국어로는 바께스(양동이)인데, 문자적으로 그대로 옮겨 양동이 목록이란 말이 더더구나 무슨 뜻인지 궁금하지 않을 수 없습니다. 알아보니 옛날에는 사형수들을 대상으로 교수형을 집행할 때, 사람이 밟고 올라가 설 수 있는 것으로 양동이를 뒤집어 놓고 올라서게 한 다음 밧줄의 한쪽 끝은 사형수의 목에 메고 다른 한쪽은 나무에 매달아 놓고 "죽기 전에 하고 싶은 말 한 번 해봐라"하며 마지막 소원이 있으면 말할 수 있는 기회를 주었다고 합니다. 그리고 말을 다 마친 후에 바께스를 발로 차면 떨어지면서 목에 매인 줄에 매달려 죽는 데서 연유된 말이라고 합니다. 결국 마지막으로 죽기 전에 해보고 싶은 소원들이라는 의미이지요.

이 영화를 보면서 잊을 수 없는 몇 가지 감동적인 장면들이 나오는데요. 그 가운데 하나는 상당한 바람둥이였던 선글라스를 쓴 백인 암환자의 마지막 소원이었습니다. 그는 죽기 전에 이 세상에서 제일 예쁜 여자와 뽀뽀해 보고 죽는 것이 소원이었습니다. 그런데 정작, 본인이 생각했던 가장 예쁜 여자는 바로 자기 손녀였던 것입니다. 사실 가정불화로 인해 사이가 소원해진 자신의 딸의 자식이었던 것이죠. 딸이 자신을 떠난 이후로 손녀와 한 번도 뽀뽀를 해볼 기회를 못 가졌던 것입니다. 죽기 전에 딸에게 잘못했다 사과하고 딸과의 관계도 회복하고 무엇보다 천사 같이 귀여운 어린 손녀의 볼에 뽀뽀를 해보는 것이 그의 남은 소박한 소원이었던 것입니다. 마음을 뭉클하게 하는 감동적인 리스트가 아닌가요? 결국 이 영화가 히트를 치고 많은 이들에게 공감을 불러일으킨 이유는 두 가지인 것 같습니다. 결국은 삶의 끝자락에 있는 사람들이 자신의 삶을 되돌아보면서 제자리를 찾지 못했던 것들을 제자리에 돌려다 놓는 것, 즉 일그러진 관계들을 다시 회복하고 싶은 것. 또 하나는 전에는 별로 중요하지 않게 여겼던 가치들에서 삶의 진정한 가치를 재발견한다는 면에서 이 영화가 저희들에게 공감을 일으켜 주었다고 봅니다.

지금까지 나의 삶은 어떻게 이야기할 수 있을까요?

오늘은 제가 고전과 영화를 통해 다소 좀 큰 이야기들을 말씀드렸습니다. 제가 역사를 공부하면서 느낀 것이 있습니다. 꿈보다 해석이 더 중요하다는 말들을 하지 않습니까? 사실 그렇습니다. 우리는 과거의 사실을 바꿀 수는 없지만 그것을 바라보는 시각과 의미를 바꿀 수는 있습니다. 한때의 실수 자체가 실패라기보다는 그 실수로 '이제는 다 끝나버렸구나'하고 포기해 버리는 그 시점이 바로 실패라고 합니다. 우리를 바꿀 수 있는 영향력은 어떤 사실이라기보다는 그것을 바라보는 입장과 태도일 것입니다. 여러 가지 사실들을 나열한다고 해서 그 자체가 역사가 되지는 않습니다. 진정한 역사는 바로 주관적 해석도 내포하기 때문입니다. 많은 구슬들을 꿰어서 하나의 목걸이를 만드는 것처럼 과거의 사실들을 어떻게 꿰어나가느냐가 바로 하나의 역사가 되고 나의 인생 이야기가 될 수 있다는 것입니다. 그런 의미에서 우리가 어떻게 우리의 삶을 바르게 정리하느냐는 것은 대단한 의미를 주는 시간이라는 생각이 듭니다. 오늘 고전과 영화 이야기를 통해서, 옛 이야기들과 지금의 이야기들이 공통적으로 우리에게 상기시켜 주는 인생의 이야기들을 통해 여러분 자신의 삶도 한 번쯤 돌아보고 재해석함으로 재정리되는 시간이 되었기를 바랍니다.

〈함께 생각하기〉

1. 내가 읽은 고전이나 영화 중에 특별히 의미 있는 작품들이 있었는지 생각해 보세요.

2. 내 삶을 돌아볼 때 어떠한 싸움과 여정의 시간이 있었는지 생각해 보세요.

3. 그러한 싸움과 여정에 나는 어떠한 의미를 부여할 수 있는지 생각해 보세요.

〈참고문헌/함께 읽으면 좋은 책〉

버니언, 존. 이혜림 역.『거룩한 전쟁』. 서울: 생명의말씀사, 2014.

_____. 최종훈 역.『천로역정』. 서울: 포이에마, 2011.

_____. 최종훈 역. 박형진 해설.『천로역정: 두 번째 이야기』. 서울: 포이에마, 2019.

호메로스. 김원익 역.『오디세이아』. 파주: 서해문집, 2007.

_____. 김원익 역.『일리아스』. 파주: 서해문집, 2007.

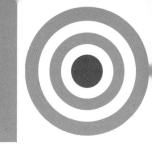

5

『위저드 베이커리』로 본 지혜로운 선택

이강선

(성균관대학교 초빙교수)

글쓴이 **이강선**은 성균관 대학교에서 번역학으로 석사 학위를 받았고 영문학으로 박사 학위를 받았습니다. 성균관대와 한국외국어대, 호남대 등지에서 영문학과 번역학을 가르쳐왔습니다. 호남대에서 조교수로서 정체성과 리터러시를 연구하면서 청소년기의 중요성을 깨달았고, 그 연구가 동서지행 선임연구원으로서 위기청소년 강의의 바탕이 되고 있습니다. 인문학의 힐링 효과를 스스로 깊이 누리고 있어 청소년 및 성인을 대상으로 인문학 주제로 다양한 방식의 나눔에 힘쓰고 있습니다. 그 중 하나가 인터넷 매체 〈마음건강길〉에서 연재 하고 있는 "이강선의 시명상" 입니다. EBS 라디오 인문학 콘서트에서 강연을 하기도 했습니다. 번역가로서 16권의 영한 및 한영 번역을 했고 최근에 번역서 『더 리얼씽: 문학 형식의 숙고』를 출간했으며, 직접 4권의 책을 쓰기도 했습니다. 브라운 대학에서 MBSR 과정을 거쳐 현재 국제 명상지도자 과정을 밟고 있습니다.

5
『위저드 베이커리』로 본 지혜로운 선택

나는 주인공

지하철이나 버스를 타면 많은 사람이 스마트 폰을 들여다보고 있는 것을 보게 됩니다. 주인공을 기다리면서 보고 심지어는 걸어가면서도 보지요. 무엇을 보고 있나 하고 슬쩍 곁눈질해보면 드라마를 보고 있어요. 영화를 보기도 하고 웹툰을 보기도 하고 게임을 하기도 하지요. 일상에서 드라마나 영화는 놓칠 수 없는 재미 중의 하나지요. 그런데 영화건 웹툰이건 소설이건 게임이건 주인공을 빼놓고는 이야기가 펼쳐지지 않아요. 달리 말해 주인공이 없으면 이야기 자체가 성립될 수 없습니다.

주인공과 관련해서 재미있는 그림을 가져왔어요. 그림 1은 주인 주(主)자입니다.

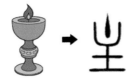

[그림 1] 촛불과 주인 주자 (네이버 한자 사전)

그림에서 촛불과 주인 주자가 많이 닮아있지 않나요. 네, 맞습니다. [그림 1]은 촛불이 바로 주인 주자가 된 그 과정을 나타내고 있어요. 옛날 사람들은 촛불을 보고 심지가 아래에서 위까지 관통하고 있는 모습에 주목했어요. 관통한다는 것은 꿰뚫는다는 의미입니다. 즉 끊어지지 않고 처음부터 끝까지 간다는 의미지요. 주인 주자는 수평선 세 개를 수직선 하나가 꿰뚫고 있습니다. 수평선 세 개가 수직선 하나와 만나면 임금 왕(王)자가 됩니다. 그런데 주인 주자는 임금 왕을 점이 뚫고 올라와 있는 모습이지요. 그래서 촛불의 심지와 같습니다. 촛불에 심지가 없으면 어찌 될까요? 그 촛불은 탈 수 없습니다. 결과적으로 심지가 촛불의 생명을 결정하는 것이지요. 주인 주자 역시 생명을 좌우한다는 의미가 담겨 있지요.

자, 주인공 이야기를 했는데요. 이제 드라마, 영화, 웹툰, 게임으로 다시 돌아가 봅시다. 우리는 영화의 주인공을 무엇이라고 부르나요? 네. 히어로(hero)라고 하지요. 여자 주인공은 히로인(heroine)입니다. 잠깐, 히어로라니, 어디서 많이 듣던 소리가 아닌가요? 맞습니다. 히어로는 영웅이에요. 그렇지요. 주인공과 영웅은 같은 단어에요. 우리는 흔히 영웅을 역할 모델로 알고 있어요. 세상을 구할 만큼 큰 일을 한다거나 약한 사람들을 돕는다거나 하는 사람이지요. 세상에 도움이 된다는 것은 자신이 살고 있는 세상을 이롭게 한다는 의미지요.

이제 하나 물어보겠습니다. 여러분 자신의 삶에서 주인공은 누구인가요? 네, 맞습니다. 여러분 자신의 삶에서 주인공은 바로 여러분 자신이지요. 그렇다면 여러분의 삶에서 영웅은 여러분이 되겠습니다.

마법과 선택

이 주인공과 관련된 이야기를 하나 하려고 합니다. '선택'과 관련된 이야기인데요. 여러분이 잘 아는 소설, 『위저드 베이커리』를 갖고 이야기하려 해요. 『위저드 베이커리』는 2009년에 출판되었으니 출판된 지 15년이 지난 소설이지요. 딱 여러분 나이네요. 혹시 읽은 사람이 있을까요? 구병모라는 작가가 쓴 소설이지요. 작가는 이 소설로 창비문학상을 받았답니다.

혹시 이 소설이 여러 외국어로 번역되었다는 사실을 알고 있을까요? 이 소설은 프랑스를 비롯 베트남, 스페인, 튀르키예 등지에도 수출된 소설이죠. 왜 그랬을까요. 여러 나라 사람들이 좋아한다는 의미지요. 당시에 이 소설은 연극으로도 만들어졌답니다. 2022년에는 책이 다시 출판되었어요. 다시 출판된다는 건 그만큼 좋은 책이라는 뜻이지요.

[그림 2] 『위저드 베이커리』 표지

사실 이 책에는 안 좋은 이야기가 많이 들어있어요. 아버지는 의붓딸을 성추행하죠, 새엄마는 주인공에게 밥도 안 줄 정도로 미워하지요. 그런가 하면 살인 이야기가 나오죠. 어디 그뿐인가요. 방화, 가출, 질투, 애완 남자 등 이 정도면 안 좋은 이야기 종합세트라고 해도 될 겁니다. 그런데 왜 그런 이야기가 연극까지 만들어질 정도로 좋다고 하는 걸까요? 그건 이 책에 두 가지 선택이 들어 있기 때문이지요. 고통이 없는 삶인가, 고통을 받아들이되 행복을 찾아가는 삶인가.

먼저 '위저드 베이커리'라는 제목을 생각해 보지요. '위저드'가 뭘까요? 맞습니다. 위저드는 마법사지요. 그럼 '베이커리'는 뭘까요? 네. 빵집입니다. 그렇다면 '위저드 베이커리'는 '마법사 빵집'이라는 의미가 되지요. 마법사가 빵과 과자를 만드는 빵집. 그렇다면 그 마법사가 구워내는 빵이나 과자에는 마법이 걸려있을 것이라는 추측도 가능하지요.

이 소설은 마법과 연관이 있어요. 소원을 들어주는 마법. 그것도 아주 멋진 마법이에요. 언젠가 원하는 순간으로 돌아갈 수 있는 마법이랍니다. 돌아간다, 맞아요. 과거에요. 미래는 알 수 없으니까요. 여러분 중에 미래로 가고 싶은 사람이 있다면 그렇다면 그는 아주 도전정신이 충만한 사람일 거예요. 하지만 과거는 이미 지나간 일이기에 우리는 나 자신의 과거를 잘 알고 있어요. 언제가 즐거웠는지 혹은 괴로웠는지 아주 확실하게 알고 있어요. 그렇다면 그 즐거움을 다시 한번 누리고 싶은 마음도 들거예요. 만일 지금이 아주 괴롭다면 더욱 그러할 거예요. 여러분에게 지혜로운 순간이 있다면 어떻게 하시겠어요? 그 선택에 관한 이야기를 하도록 하지요.

선택과 책임

여기 한 소년이 있어요. 소년에게는 이름이 없어요. 그냥 '나'라고 표현되지요. 이름이 왜 없냐고요? 동화나 소설에서 말하는 화자가 '나'라고 표현되면 우리는 그걸 일인칭 시점이라고 불러요. 그런데요. 그 일인칭 시점은 바로 나 자신, 읽는 사람 자신을 말해요. 재미있지요. 소설 전개를 따라서 '나는', '나는' 하고 읽어가다 보면 어느새 읽는 사람인 내가 주인공이 된 듯한 느낌이 드니까요.

그렇다면 이제 이 소설의 주인공이 되어 볼까요. 소년인 나는 열여섯 살입니다. 어느 날 나는 위저드 베이커리로 헐레벌떡 뛰어들어요. 나는 점원인 파랑새에게 잠시만 숨겨달라고 사정하지요. 점장은 마뜩하지 않지만, 파랑새가 우겨서 나를 숨겨줍니다. 왜 숨어야 하느냐고요? 새엄마가 나를 쫓아오거든요. 나를 붙잡아 성추행범으로 경찰에 넘기려고 합니다.

사실 나는 그동안 위저드 베이커리의 단골이었어요. 새엄마가 나에게 밥을 제대로 주지 않거든요. 그래서 매일 이 빵집에 와서 빵을 사 먹는 거지요. 새엄마는 내가 집에서 없어졌으면 하고 바랍니다. 나 때문에 아버지가 새엄마를 사랑하지 않는다고 여기는 거지요. 6년 전에 새엄마와 재혼한 아버지는 일이 바쁘다는 핑계로 매일 밤중에 들어옵니다. 언젠

가부터 새엄마는 나에게 밥을 주지 않기 시작했고, 그 세월이 한참 되었지요. 새엄마는 내가 없으면, 딸인 무희와 셋이서 행복할 거라고 여기는 겁니다. 그러던 어느 날 무희의 피 묻은 속옷이 내 빨랫감 속에 들어 있었고, 무희는 나를 성추행범이라고 지목합니다. 새엄마는 길길이 날뛰면서 나를 잡으려 하고 그래서 나는 집을 뛰쳐나온 겁니다.

그런 연유로 나는 한동안 위저드 베이커리에 머물게 됩니다. 그저 신세 질 수 없으니 홈페이지를 관리하는 아르바이트를 하게 되는데요. 물론 점장은 여전히 나를 못마땅해 하지만 당분간이라는 조건을 달고 묵인해 주지요. 왜 못마땅해하는가 하면, 나는 겨우 열여섯 살이잖아요. 가족과 함께 살아야 한다고 생각하는 거지요. 나는 홈페이지를 관리하면서 가게 상황을 알게 됩니다. 위저드 베이커리에서 마법의 과자를 판다는 사실을 알게 되는 것이지요.

마법의 과자	효과
마인드 커스터드 푸딩	마인드 컨트롤을 하게 해줌
메이킹 피스 건포도 스콘	화해하게 해줌
브로큰 하트 파인애플 마들렌	실연 상처를 빨리 잊도록 해줌
노 땡큐 사브레 쇼꼴라	사귀고 싶지 않은 사람이 떨어져 나가게 함
비즈니스 에그 머핀	장사를 꾸준히 지속하고 싶은 사람에게 선물
메모리얼 아몬드 스틱	잊어버렸던 일을 기억하게 함
에버 앤 에버 모카 만주	멀리 떠나는 사람이 당신을 기억하게 함
도플갱어 피낭씨에	가기 싫은 곳에 또 하나의 내가 대신 가줌

[표 1] 마법의 과자

점쟁이가 만든 마법의 과자는 여러 가지가 있어요. 마인드 커스터드 푸딩, 메이킹 피스 건포도 스콘, 브로큰 하트 파인애플 마들렌 등등이지요. 스무 가지나 되는 과자는 각각의 마법을 갖고 있어요. 효과가 긍정적인 것도 있고 부정적인 것도 있고 중성적인 것도 있습니다. 그 중에 '악마의 시나몬 쿠키'를 먹은 사람은 무슨 일을 하건 하루 동안 실수를 하게 되고 '체인 월넛 프레첼'은 짝사랑하는 사람이 나를 사랑하게 만들 수 있어요. 이런 과자들은 다른 보통의 과자에 비해 비쌉니다. 그리고 이런 과자들을 설명하는 설명서에는 경고문이 곁들여져 있습니다. 마법의 과자는 소원을 이루어주지만 사용하는 사람이 결과에 대해 책임을 져야 한다고요. 즉 설명서를 읽고 사용할 것인가 말 것인가는 사는 사람의 책임이라는 것이지요.

[그림 3] 악마의 시나몬 쿠키

늘 전교 2등을 하던 한 여고생이 '악마의 시나몬 쿠키'를 사갑니다. 그리고는 같은 반의 친구인 전교 1등을 하는 여학생에게 주지요. 시나몬 쿠키를 먹은 여학생은 시험을 보다가 교실에서 어처구니없는 실수를 합니다. 화장실에도 갈 수 없을 만큼 급작스럽고 급했던지라, 여학생은 옷을 입은 채로 설사를 하고 마는 것이지요. 교실 안에 냄새가 확 퍼졌지요. 반 친구들도 선생님도 모두가 그 모습을 보고 냄새를 맡았습니다. 여학생은 씻고 옷을 갈아입고 시험을 계속 보기는 했지만, 당연히 제대로 실력을 발휘하지 못했지요. 그뿐만이 아닙니다. 집에 돌아온 여학생은 부끄러운 나머지 자살을 하고 맙니다. 그 사실을 안, 쿠키를 사간 여학생은 양심상 고민합니다. 그리고 이 여학생은 이 위저드 베이커리를 찾아와 생떼를 씁니다. 그런 쿠키를 만든 당신이 잘못이라고요.

[그림 4] 체인 월넛 프레첼

'체인 월넛 프레첼'을 사 간 여대생도 소원을 이루었어요. 그녀는 짝사랑하던 남학생에게 마법의 과자를 주었고 그 남학생이 자신을 사랑하게 되었으니까요. 한동안 행복했습니다. 남학생은 자신에게 흠뻑 빠져서 어디든 함께 가니까요. 하지만 학교를 졸업하고 회사원이 되고 나니 마음이 변했어요. 이제 자신을 쫓아다니는 남자에게 싫증이 났습니다. 여성은 베이커리를 찾아와 거친 태도로 시비를 겁니다. 그리고는 이 남자를 떼어낼 효험을 지닌 부두 인형을 만들어달라고 주문합니다. 그날 밤, 아직도 이 여성을 사랑하는 옛 애인이 이 여성이 자던 곳에 불을 지릅니다. 여성은 중상을 입고 옛 애인은 체포되지요.

양심, 피할 수 있는가?

자, 여기서 잠깐 멈추고 마법에 대해 생각해 보도록 하지요. 마법이란 무엇일까요? 마법은 초자연적인 것, 자연스럽지 않은 것을 말합니다. 세상의 이치를 거스르는 것이 마법이지요. 이치를 거스르면, 세상이 돌아가는 자연스러움을 흐트러트리면 어떤 일이 일어날까요. 대가가 따르겠지요. 우리가 흔히 말하는 기후 온난화는 자연 질서가 흐트러졌기 때문에 일어나는 현상이듯이요. 자, 다시 생각해 보지요. 마법은 내가 원하는 것을 이루어줘요. 달리 말해 상대의 의지는 아랑곳하지 않고 내 마음대로 하는 것이에요. 상대에 대한 존중은 어디에도 없습니다. 시나몬 쿠키를 사간 여학생은 친구를 좌절의 구렁텅이로 몰아넣고, 프레첼을 사간 여성은 상대를 내 마음대로 다루기를 원해요. 사랑은 상대방을 돌보고 행복하게 만드는 일인데 말이지요. 그건 상대의 인격을 무시하는 일이지요. 세상의 질서를 어그러뜨리는 일이지요.

이런 일을 하기 때문에 마법사는 중압감에 시달립니다. 물론 마법사는 사람들을 돕고 싶다는 선한 의도를 가지고 과자를 만듭니다. 마법의 과자 덕분에 좋은 소원을 이룬 사람들도 있지요. 그러나 마법의 과자를 사간 모든 사람이 좋은 일에 사용했을까요? 위에서 예를 든 두 사람만 보아도 알 수 있지요. 마법의 과자로 인해서 나쁜 일들이 여러 번 일어났고, 그래서 과자를 만든 점장은 죄의식에 시달립니다. 그는 몽마에게 시달립니다. 몽마, 꿈에서 나타나는 악마지요. 꿈은 누구의 것인가요?

그렇습니다. 꿈은 자신의 깊은 무의식에서 올라와요. 비록 의도는 선했을지라도 결과는 악하게 나타났으니까요. 세상의 모든 사람이 속는다고 해도 자신만은 속일 수 없는 것, 그건 도망칠 수 없는 양심이지요. 그래서 마법사 점장은 잠을 자고 싶어 하지 않습니다. 그는 한껏 버팁니다. 무려 보름 동안 버티고, 버티고, 버티다가 어쩔 수 없이 잠을 잡니다. 몽마가 침범하기 어려운 자세로 잔뜩 웅크리고서 침대 한구석에서 잡니다. 그러나 꿈을 꾸지 않았으면 하는 그 바람은 여지없이 깨어지고 맙니다. 몽마가 나타나 그를 괴롭히지요. 그것을 내가 봅니다. 나는 용감하게 소리칩니다. 내게 오라고.

몽마가 비웃습니다. 너는 나를 감당할 수 있느냐고요. 과연 내가 나의 양심을 감당할 수 있을까요? 내게도 죄의식이 있습니다. 엄마가 나 때문에 자살했다는 죄의식이 있지요. 내가 정말 새엄마 말대로 행복을 방해하고 있을까 하는 의구심도 있습니다. 하지만 나는 용기를 냅니다. 나를 받아 들여주고 아껴준 점장을 위해서요. 나는 무려 이틀간이나 악몽을 꿉니다. 죽은 엄마가 끔찍한 모습으로 나타나는가 하면, 무희가 나타나 내게 성추행을 했다고 소리치고, 마지막으로 새엄마가 나타나 내 목을 조릅니다.

다른 사람들에게 우리는 변명을 할 수 있지요. 그럴듯한 핑계로 피해 갈 수 있어요. 그렇지만 나 자신의 양심은? 그건 도저히 피해 갈 수 없지요. 그렇기에 나 또한 몽마에게 시달리는 것이지요. 간신히 깨어난 나는 점장에게 따귀를 맞습니다. 어린 녀석이 건방지다고, 그런 건 어른의 일이라고 합니다. 그렇게 혼내지만 나는 점쟁이 진심으로 나를 걱정하고 있다는 것을 깨닫습니다. 그 누구도 나를 이렇게 걱정해 주지는 않았어요. 나는 점장에게 기대어 울고 맙니다.

경찰이 찾아옵니다. 점장은 그동안 많은 사람의 소원을 이루어 주었어요. 하지만 위에서 말했다시피 사람들은 좋은 일로만 소원을 이룬 게 아니었지요. 시나몬 쿠키를 사간 여학생이 '오늘의 톡톡'이라는 사이트에 사기꾼 요술쟁이 빵집이라고 거짓말을 늘어놓습니다. 그런 일로 시끄러워지자 경찰이 찾아온 것이지요. 점장은 마법을 걸어 경찰들을 아주 잠깐 움직이지 못하게 하고 내게 어서 가라고 소리칩니다. 그리고는 점장은 내게 종이봉투 하나를 던져줍니다. 그 안에 들어 있는 것은 점장의 선물이었습니다. 위저드 베이커리에서 가장 비싼 과자, 천문학적 금액을 지불해야 살 수 있다는 '타임 리와인더'였어요. 그건 시간을 되돌릴 수 있는 과자. 원하는 시점 어디로든 돌아갈 수 있는 과자랍니다. 물론 그 과자에는 다양한 제약이 따릅니다. 위저드 베이커리의 모든 마법 과자가 책임을 명시하고 있듯 이 과자 역시 선택을 하고 그에 따른 결과를 책임

저야 하는 것이지요.

나는 집으로 돌아옵니다. 집안에 들어서 보니 아버지가 무희를 성추행하고 있습니다. 바로 그 현장에 내가 들어온 것이지요. 내가 놀라고 있을 때 새엄마가 나타납니다. 새엄마는 이 모습을 보고서도 그것이 내 탓이라고 소리칩니다. 내가 왜요? 나는 그저 거기 있었을 뿐인데, 나는 아무 일도 하지 않았는데……여기서 나는 선택을 해야 합니다. 타임 리와인더를 사용할까요?

[그림 5] 타임 리와인더 머랭 쿠키

고통을 주는 사람이 없으면 행복할까?

선택 1. Y의 경우: 과거로 돌아가기

이 선택은 타임 리와인더를 사용하는 겁니다. 나는 열 살이던 때, 아버지가 재혼하기 이전 시간으로 돌아갑니다. 할머니가 내게 새엄마가 될 사람의 사진을 보여줍니다. 나는 아버지와 이 여성과의 재혼에 찬성하지 않습니다. 이 선택을 한 결과로 새엄마도 없고 무희도 없습니다. 하지만 아버지는 변하지 않아요. 아버지는 여전히 어린 소녀 성추행을 지속합니다. 그걸 알았기 때문에 엄마가 자살했던 것이고요. 아버지는 감옥에 가게 됩니다. 어느 날, 나는 마을버스를 타고 아버지 면회를 가다가 우연히 위저드 베이커리의 점원, 파랑새를 봅니다. 1층 빵집 앞을 쓸고 있던 파랑새가 내게 손짓을 합니다. 그 모습을 보고 무언가 그리운 느낌이 들지만, 그것이 무엇인지 알 도리가 없습니다. 정말로 뜻밖에 눈물이 주룩 흐릅니다.

선택 2. N의 경우: 현재에 머무르기

두 번째 선택은 타임 리와인더를 사용하지 않는 것이에요. 괴로운 현재의 상황을 그대로 택한 것입니다. 새엄마는 무희를 데리고 집을 나갔고 아버지를 고소했어요. 그리고 아버지는 징역 2년에 집행유예 3년이라는 벌을 받았습니다. 벌금이니 변호사 비용이니 하는 것을 치러내느라 집은 경매로 넘어가게 됩니다. 3년이 지난 지금 나는 파스타 전문 레스토랑에서 일을 합니다. 여자 손님들이 나를 좋아하지요. 어느 날 우연히 나를 유혹하려던 손님이 던져준, 마법사 점장이 만든 빵을 맛보게 됩니다. 마법사의 빵 맛을 알아차린 나는 앞치마를 팽개치고 빵집이 있는 곳으로 뛰어갑니다. 마법이라는 것은 언제나 선택의 문제라고 생각하면서.

이 선택은 현재의 고통스러운 상황을 그대로 받아들입니다. 그러나 이 선택에는 내가 사랑하는 사람들, 아니 나를 있는 그대로 받아 들여주고 사랑하는 사람들이 있지요. 파랑새와 마법사 점장은 이제 내가 사랑하는 새 가족이니까요.

주어진 조건에서 어떻게 살아갈 것인가?

주인공인 나는 이렇게 생각하지요. 내가 왜, 나는 그냥 거기에 있었을 뿐이야. 나는 아무 짓도 안 했어. 맞아요. 우린 나쁜 짓을 안 했습니다. 그냥 여기에 있을 뿐입니다. 여기, 이 자리에 있다는 것, 이것이 우리에게 주어진 상태입니다. 태어나 보니 남자였다, 혹은 여자였다. 장녀였다, 혹은 막내였다. 태어나보니 엄마가 있고 아빠가 있다. 태어나보니 키가 작다, 혹은 크다. 그런 걸 말합니다. 이건 내가 어찌할 수 없는 거예요. 아무리 뛰어난 사람이라고 해도 내게 주어진 이 조건은 어쩔 수 없습니다. 그러면 우리는 이 조건에서 어떻게 살아야 할지 결정해야 합니다.

어떻게 살아야 하는지, 그것은 선택입니다. 주어진 것이 있다면 선택할 수 있는 것도 있지요. 가족이 주어진 것이라면 그 조건에서 어떻게 살아갈 것인가는 내 선택입니다. 동일한 조건에서 누군가는 영웅이 되고 누군가는 악당이 됩니다. 또한 모두가 부모처럼 사는 것은 아니지요. 동일한 부모에게서 태어난 형제라 해도 각기 살아가는 모습이 다릅니다. 누군가는 부모와 비슷한 모습으로 살지만, 누군가는 부모와는 전혀 다른 모습으로 살기도 하니까요. 그건 내 선택입니다.

사실 가족이라고 해서 모두가 서로를 사랑하며 아끼고 살아가는 것은 아닙니다. 세상에는 행복한 가족도, 불행한 가족도 있어요. 여기 나온 인물들은 사실 모두 불행합니다. 새엄마는 행복해지고 싶어서 재혼했지만, 사랑을 받지 못해서 불행합니다. 아직 어린, 여덟 살밖에 되지 않은 무희 또한 불행하지요. 자살한 친엄마도, 나도 불행합니다. 그러나 분명 세상에는 행복하게 사는 이들이 있습니다.

지금까지 우리는 어떤 선택을 할 것인가를 이야기했지요. 『위저드 베이커리』에서 처럼 큰일이 아니더라도 우리는 매일 매 순간 선택하며 살아갑니다. 칫솔질을 왼쪽에서 시작할 것인가 오른쪽에서 시작할 것인가도 선택이고 밥을 먹을 것인가 빵을 먹을 것인가도 선택입니다. 화가 나지만 참을 것인가 참지 않을 것인가도 선택입니다. 무슨 일을 할 것인가도 선택입니다. 누구나 자신을 위해 선택합니다. 지금 당장의 달콤함을 선택할 것인가, 더 멀리 보고 어려움을 선택할 것인가는 순전히 내 몫입니다. 삶은 내 것이고, 인간은 선택하는 존재이니까요. 우리는 주어진 조건 하에서 지금까지 선택해서 여기까지 온 것이고 그것이 바로 나의 현재 모습이지요.

다시 주인공 이야기로 돌아가 봅시다. 앞서 언급했지만, 주인공은 영웅입니다. 우리가 생각하는 영웅은 역할 모델이지요. 영웅은 괴로운 일,

어려운 일들을 거쳐온 사람들입니다. 괴로운 일을 겪되 그 괴로움을 이기고 타인을 위해, 사회를 위해 봉사하는 사람들이지요. 어렵고 괴로운 일이 없다면 영웅은 없습니다. 우리는 늘 자신의 삶에서 주인공이기도 하고 영웅이기도 해요. 이제 생각해 봅시다. 나는 어떤 선택을 할지를.

〈함께 생각하기〉

1. 여러분에게 타임 리와인더가 주어졌다고 합시다. 여러분은 어떤 것을 선택하고 싶으신가요? 나를 고통스럽게 하는 사람이 없는 과거? 고통스럽지만 사랑하는 이들이 있는 현재?

〈함께 읽으면 좋은 책〉

버지스, 스테파니. 김지현 역. 『초콜릿 하트 드래곤』. 서울: 베리타스, 2019.

손원평. 『아몬드』. 서울: 다즐링, 2023.

쥐스킨트, 파트리크. 유혜자 역. 『좀머씨 이야기』. 서울: 열린책들, 2020.

톨스토이, 레오. 이종진 역. 『사람은 무엇으로 사는가』. 파주: 창비, 2015.

헤밍웨이, 어니스트. 김욱동 역. 『노인과 바다』. 서울: 민음사, 2012.

황선미. 『마당을 나온 암탉』. 서울: 사계절, 2002.

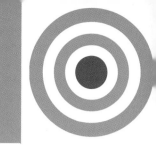

6

『어린왕자』가 '나'에게 준 선물

김정란

(건국대학교 명예교수)

글쓴이 **김정란**은 프랑스 빠리 3대에서 응용언어학으로 박사학위를 취득하고 건국대학교 인문대학 프랑스어문학과 교수로 30년간 재직 후 현재 명예교수로 있습니다. 재직 시 인문대학장과 일반대학원 에 설립된 동화미디어창작학과 초대 학과장을 역임하였고, 인문 연구소가 〈동화와번역연구소〉로 명칭을 바꿀 때 초대 연구소장이 되어 인문학 관점의 동화연구가 시작되었습니다. 이때 쓴 동화가 『아리 공주와 꼬꼬 왕자』라 사람들은 제가 아직도 〈아리 공주〉같이 어린 줄 압니다. 현재 사단법인 아름다운 마을 대표로 있으며 문화치유센터, 성남 문화원, 그리고 동서지행포럼 옛적 길 동화 모임에서 시행하는 〈옛적 길 동화〉를 연구 개발하며 동화 강의를 하고 있습니다.

6
『어린왕자』가 '나'에게 준 선물

『어린왕자』를 배우는 것

『어린왕자』를 배우는 것은 〈어린왕자〉의 별나라를 관광하는 것입니다.[1]

동화 『어린왕자』는 전 세계인 누구에게나 거부감 없이 많이 읽히고 가장 쉽게 감동을 주는 책입니다. 〈어린왕자〉를 만나는 여정은 깊은 고난의 끝 길에서인데 모두가 『어린왕자』를 쉽게 만나고 쉽게 감동하는 것은 참으로 경이로운 기적입니다. 자기 별을 떠난 〈어린왕자〉가 이웃 별나라를 떠돌며 사람과 사람 사이에 '사귐'과 '사랑'이라는 관계의 다리를 놓아서인가? 생각해 보았습니다. 처음 만나는 청소년 여러분에게 『어린왕자』를 소개하는 오늘은 '어린왕자의 별나라'를 '교실이라는 관광버스'를 타고 가서 직접 만나는 날이라고 생각하겠습니다. 그러니까 여러분은 관광객, 저는 관광가이드, 그리고 이곳은 별나라로 가는 관광버스 안입니다.

관광(볼觀빛光)의 의미는 이웃 나라의 빛을 보는 여행입니다.

'〈어린왕자〉의 별나라'(앞으로는 〈별나라〉로 부르겠습니다.)에 가서 그 나라의 빛을 여러분 모두가 보기를 원합니다. 〈별나라〉는 〈어린왕자〉 키만큼 작지만 그 속에 담긴 의미는 전 우주보다 더 크고 깊어서 몇 시간에 모든 것을 다 볼 수 없습니다. 오늘은 "『어린왕자』가 '나'에게 준 선물"의 기억을 찾아가는 길로 안내하며 『어린왕자』와 〈어린왕자〉, 또는

---

[1] 이 글에서 『어린왕자』는 책 제목이고, 〈어린왕자〉는 '내면 아이'이며, 어린왕자는 〈어린왕자〉 + 왕의 아들, 구원자라는 의미를 가집니다.

어린왕자가 존재하고 우리에게 귀한 선물을 준다는 것을 알리는 것으로 큰 의미를 삼으려 합니다. 『어린왕자』는 갈 길을 몰라 방황하던 저의 청소년 시절부터 진리로 향하는 길을 가리키는 나침반이 되어준 좋은 선생님이자 친구였습니다. 여러분에게도 『어린왕자』는 좋은 길잡이가 되어 줄 것입니다.

『어린왕자』는 선물을 아낌없이 줍니다.

어린왕자의 나라에 도착하기 전에 미리 광고합니다. 어린왕자는 방문 일정이 끝날 때 여러분 모두에게 선물을 줄 것입니다. 꼭 받아야 합니다. 여러분이 제각기 받을 '나의 선물'이 무엇인지가 처음엔 보이지 않을 수 있습니다. 오늘 보고 싶다 해도 좀 더 사귈 때까지 기다려야 합니다. 무엇으로 보답해야 하나 싶지만 어린왕자는 어떤 보답을 바라고 주는 것이 아니라 그저 아낌없이 줍니다. 그렇지만 분명 받으면 기뻐할 것이 있을 것 같습니다. 음, 무엇일까? 『어린왕자』를 꼼꼼히 살펴보고 그중 하나를 선택하였습니다.

어린왕자는 여러분의 기억 속에 살아있기를 바랍니다.

저는 여러분과 사귄 적이 없지만 이리 만나게 되니 여러분과 사귀고 싶다는 생각이 듭니다. 그러다 깨달았습니다. 어린왕자도 여러분과 끊임없이 사귀고 싶을 것이라는 것을. 그래서 관광이 끝난 후에 할 말을 지금 미리 합니다. 혹 잊을 수도 있으니까요. 여러분도 오늘이 지나면 어린왕자와 〈저〉를 잊을 수 있습니다. 그래서 이것만은 잊지 말라고 간절히 부탁합니다. "청소년 시절은 모든 것이 가능하나 하나도 확실한 것이 없는 때"입니다. 앞이 캄캄한 밤에 홀로 길을 잃고 있는 것 같을 때도 있고 낭떠러지 위나, 사방이 막힌 막다른 길에 있는 것 같을 때도 있습니다. 그때 꼭 잊지 말고 하늘의 별을 바라보세요. 별을 보면 문득 〈별나라〉에서 별이 되었다는 어린왕자 이야기를 듣던 기억이 나고, 마음이 떨리며 그리워지고, 그리워져 슬퍼지기까지 하면, 어느새 나타난 어린왕자가 여러분의 나침반이 되어줄 것입니다. 마음이 떨리고 슬퍼진다는 것은 나침반 바늘이 새 방향으로 인도한다는 것입니다. 여러분이 새 길로 되돌아서면 방향을 잡는 나침반의 바늘도 가늘게 떨고 있을 것입니다. 항상 여러분 곁에 있었는데 이제야 여러분의 눈길을 받으니 말입니다.

어린왕자는 여러분과 끊임없이 관계를 맺고 싶어 합니다.

여러분이 별을 바라보고 걸어가며 성장해 가는 순간에 문득 〈별나라〉에 대해 아주 작은 것이라도 기억하고 있음을 표현해 준다면 어린왕자는 매우 감동할 것입니다. 어린왕자가 얼마나 기뻐할까를 상상만 해도 하늘의 별들이 모두 손뼉을 치며 반짝반짝 웃는 것 같아집니다. 즐거운 별나라 잔치가 벌어지는 것 같습니다. 어린왕자가 여러분에게 받고 싶은 것은 승리와 행복의 〈별나라〉 방향으로 걸어서 올라가며 별을 향해 짓는 여러분의 미소입니다. 아! 〈별나라〉 입구에 도착했습니다. 여러분을 맞이하는 〈헌사〉가 보이나요? 읽고 생각하고 들어가겠습니다.

헌사
레옹 배르트에게

이 책을 어른에게 바친 것에 대하여 어린이들에게 용서를 구한다. 나로서는 그럴 만한 이유가 있다. 그것은 그 어른이 나에게 최고로 소중한 친구이기 때문이다. 또 다른 이유도 있다. 이 어른은 무엇이든 이해할 수 있고 어린이를 위한 책도 이해할 수 있기 때문이다. 셋째, 이 어른이 지금 프랑스에 있는데 굶주리고 추위에 떨고 있기 때문이다. 이 어른은 위로를 받아야 할 처지에 있다. 이 모든 이유로도 불충분하다면 나는 이 책을 이 어른의 어린 시절에 바친다. 모든 어른도 우선은 다 어린이였었다. (다만 그것을 기억하는 사람들이 별로 없을 뿐이다.) 그래서 나는 이 헌사를 다시 수정한다.

어린 소년이었을 때의 레옹 배르트에게

질문 하나, 저자는 왜 어린이에게 용서를 구했을까요?

참 좋은 의문이자 긴 설명이 필요한 질문입니다. 생각과 질문은 항상 대환영입니다. 이 〈별나라〉에서 가이드가 할 수 있는 일은 사실 생각하게 하는 일밖에 없으니까요. 정답이 하나만 있는 것도 아니기에 저도 많이 생각하고 답해야 합니다. 어린왕자에게 질문해도 어린왕자는 대답 대신 웃기만 합니다. 그런데 그 웃는 모습을 보면 어떤 생각이 떠오릅니다. '나'의 생각인 줄 알았는데 어린왕자가 준 생각임을 깨닫습니다. 왜 어린이들에게 용서를 구했을까요? 짧은 시간에 다 설명할 순 없지만 〈별나라〉에 도착할 때까지 말해보겠습니다. 만족스럽지 않아도 실망하지는 마세요.

첫째, 동화 나라는 어린이보다는 어른이 먼저 태어났답니다. 동화 나라는 태초에 어른을 위해 모든 것이 만들어졌고 동화 나라가 들려주는 말은 어른이 먼저 들은 후에 어린이에게 반복하고 또 반복하는 인내와 사랑의 마음 다리를 놓아야 들리는 언어랍니다. 먼저 태어난 제가 먼저 〈동화 나라〉 언어를 배우고 여러분에게 해석해주는 가이드가 되는 것과 같습니다. 그러니 동화 나라에서 읽어야 할 『어린왕자』가 어른에게 헌사되었다고 움츠러들지 마세요. 여러분은 미래의 어른이니까요. 〈별나라〉는 어린이였던 어른에게나 어른이 될 어린이 모두를 위한 동화 나라입니다. 사랑의 눈길 위에서도 용서라는 말은 항상 필요한 첫 단어라는 것도 알게 될 것입니다.

둘째, 동화 나라는 과거의 기억, 현재, 미래의 희망이 다 같이 있는 곳입니다.

태초에는 이 상황이 아주 쉽게 받아들여졌는데 요즘은 이 역사적 사실을 인정하는 어른을 만나기가 쉽지 않습니다. 그런데 『어린왕자』를 쓴 작가는 동화는 아이였던 어른을 위해 쓴 것임을 빨리 깨달았고 〈어린왕자〉와 여러분이 같은 장소에서 모두 어린이가 되어 만날 것을 미리 알았을 겁니다. 어쩌면 여러분이 『어린왕자』를 어른이 된 다음에 다시 읽을 것이고 여러분도 어린이에게 또는 아이였던 자신에게 다시 들려주어야겠다 다짐하게 되리라는 것도 미리 알았을 것입니다.

아! 여기에 『어린왕자』를 탄생시킨 작가실이 있으니 잠시 작가를 만나 보겠습니다.

『어린왕자』는 프랑스 작가 앙트완 드 생텍쥐뻬리(1900~1944)가 쓴 책 [그림 1].[2]

자녀가 부모를 닮듯이 『어린왕자』에 나오는 두 인물, 즉 작가의 분신인 비행사와 작품의 주인공인 〈어린왕자〉는 서로 많이 닮았다고 생각됩니다. 프랑스의 리용에서 1900년에 쟝 드 생텍쥐뻬리 백작의 2남 3녀 중 둘째이자 장남으로 태어난 생텍쥐뻬리는 비 오는 날이면 '누가 비 사이로 제일 비를 안 맞고 집에 도착하나?' 시합하는 놀이를 만들어낼 만큼 창의력이 엉뚱하고 발랄한 소년이었습니다[그림 2, 3]. 그러나 불과 4살의 어린 나이에 아버지가 돌아가시는 바람에 프로방스 지방 귀족인 어머니와 외가에 의해 양육되었습니다[그림 4]. 일찍 슬픔과 외로움을 알아버

---

2   프랑스어 표기는 외래어 표준을 따르나 다음 두 표기 /f/와/p/는 예외입니다. 즉 France=프랑스, Perrault와 Paris의 /P/는 뻬로, 빠리입니다. '빠리'를 '파리'로 표기하면 프랑스의 아름다운 수도 빠리가 날아다니는 '파리'가 되고 동화의 아버지 '뻬로'가 '페로'가 되는 것 같아서입니다.

린 어린이였지만 숙모나 외할머니가 사시는 커다란 성(城)에 살면서 동화 속 왕자같이 지낸 아름다운 어린 시절의 기억도 지니고 있었습니다. 그때에는 소년이 자라서 되어야 하는 어른의 모델이 중세의 기사였다고 합니다. 화가이자 음악가인 어머니로부터 동화를 들으며 자랐던 것도 『어린왕자』 같은 작품을 쓰는 데에 큰 도움이 되었을 것입니다.

[그림 1] 앙트완 드 생텍쥐뻬리
사진과 합성된 그의 자필 원고

[그림 2] 5남매 중 셋째인 생텍쥐뻬리
(오른쪽에서 두 번째)

[그림 3] 어린 시절 생텍쥐뻬리의
천진난만한 모습

[그림 4] 생텍쥐뻬리의 아버지인
장 드 생텍쥐뻬리 백작과
어머니 마리 부아이에 드 퐁스콜롱브

14세부터 18세에 제1차 세계대전(1914-1918)을 겪으며 17세에 두 살 아래 남동생도 잃었습니다. 공부에 취미를 못 붙이고 1919년 미술학교

건축과에 들어가 15개월 가량 미술 공부를 하였던 것은 『어린왕자』의 삽화를 직접 그리는 데에 큰 도움이 되었을 것입니다. 21세부터 23세까지 공군 비행대에 입대하여 비행기 수리, 조종법을 배우고 민간 비행 면허장, 군용기 조종 면허장을 취득하였습니다. 1923년에 비행기 추락으로 머리 부상을 입은 생텍쥐뻬리는 위험한 직업 때문에 루이즈 드 빌모랭과의 약혼이 반대에 부딪히는 어려움에 처합니다. 결혼하기 위하여 예비역 소위로 제대를 하기도 했지만 결국 파혼을 당하고 맙니다. 26세에 다시 항공회사에 입사한 후 비행사로 근무하며 직접 체험한 이야기들, 즉 『남방 우편기』, 『야간비행』, 『인간의 대지』 등을 썼고 여러 문학상을 받은 인기 작가가 되었습니다.

생텍쥐뻬리는 출판사로부터 어린이에게 줄 책을 써달라는 원고청탁을 받습니다.

1931년 4월, 생텍쥐뻬리는 31세의 나이에 콩쉬엘로와 결혼합니다[그림 5]. 그녀와의 사랑은 『어린왕자』에서 어린왕자와 장미의 관계를 표현하는 원천이 됩니다. 이어서 생텍쥐뻬리는 39세 때 제2차 세계대전(1939-1945)을 겪습니다. 전투에 참여했다가 40세가 된 1940년 7월에 부상을

[그림 5] 생텍쥐뻬리와 그의 아내 콩쉬엘로 순신, 1935년 경

당하여 군에서 제대하였고, 이후 12월 31일 뉴욕에 도착하여 25층 아파트에서 잠시 지냈습니다. 그렇게 살아가던 1942년 어느 날, 생텍쥐뻬리에게 한 출판업자가 그 해 크리스마스에 어린이에게 줄 책 한 권을 써 달라고 부탁합니다.

삭막한 미국에 살고 있던 생텍쥐뻬리가 동화를 써달라는 부탁을 받았던 것은 마치 『어린왕자』에서 사막 한가운데에 고립된 비행사 앞에 갑자기 한 아이가 나타나 양을 그려달라고 부탁하는 장면을 연상시킵니다. 어려서부터 옛이야기를 많이 듣고 자랐고 이미 작가인 생텍쥐뻬리였지만 동화쓰기는 생각만큼 쉽지 않았나 봅니다. 〈어린왕자〉 모습도 잘 그려지지 않았던 것 같습니다. 『어린왕자』에서 비행사가 양 그림을 그리는 과정을 보면서 상상해본 것이긴 하지만, 현재 전하고 있는 〈어린왕자〉 그림을 보면 상당히 근거가 있는 추리입니다[그림 6]. 화가가 되고 싶었던 생텍쥐뻬리가 〈어린왕자〉를 어른으로, 또 청년으로 이리저리 그려보다 가장 잘 된 그림이라며 내놓은 중세의 기사 같은 〈어린왕자〉를 보면 그가 동화쓰기와 그림에 큰 노력을 기울였음을 납득할 수 있을 것입니다. 글과 그림은 작가가 원하던 것이 아니더라도 글을 쓴 저자에 대해 많은 것을 알려줍니다.

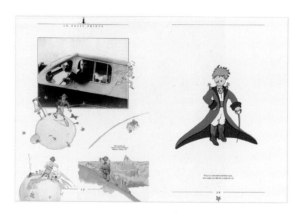

[그림 6] 생텍쥐뻬리가 그린 〈어린왕자〉의 다양한 모습들(Éditions Gallimard)

『어린왕자』는 작가가 만난 세상과 세 '아이'와의 만남에 대한 체험기입니다.

체험기는 생텍쥐뻬리가 가장 잘 쓰는 문학 장르입니다. 그러나 이번에는 비행사 동료들과의 만남 기록이 아니라 어린왕자와의 만남으로 정리가 된 지나간 방황의 삶과 미래에 갈 길의 방향을 그린 것입니다. 원시림 같은 야만 세상과 이상한 어른과의 만남, 자신 속에 남아 있는 상처 입은 내면 아이와의 만남, 그리고 마지막으로 아주 중요한 만남, 자신을 위해 생명을 바친 그리고 다시 살아나신 구원자와의 만남으로 마침내 갈 방향을 찾은 자신과의 만남에 대한 기억을 차례차례 끄집어내고 있습니다.

『어린왕자』는 1942년 크리스마스를 넘긴 1943년 4월, 부활절이 지난 다음에야 출판되었습니다. 작가가 직접 그린 삽화가 담긴 걸작을 받은 출판사는 세 구멍 속 양을 보며 만족해하는 〈어린왕자〉처럼 만족했을 것이고 세계의 남녀노소가 모두 『어린왕자』의 출판을 성탄과 부활의 선물처럼 반겼습니다. 이제 『어린왕자』는 크리스마스가 아닌 날에도 하루하루가 다 크리스마스인 것처럼 꾸준히 전 세계인으로부터 많은 사랑을 받는 영원한 크리스마스 선물이 되었습니다.

"왜 〈헌사〉를 꼭 써야 했나요?"라는 어려운 질문이 있어 답합니다.

어린이를 위한 이야기를 생텍쥐뻬리는 동화의 아버지라 불리는 샤를르 뻬로(1628~1703)가 쓴 〈우화〉와 같은 문학 장르로 생각했을 겁니다. 두 작가는 다 프랑스 사람입니다. 이미 유명작가라 해도 동화를 쓰려면 적어도 동화의 아버지가 쓴 글을 되새김해야 합니다. 뻬로의 동화 『콩트 또는 옛이야기, 교훈 첨가』(1697)는 공주에게 드리는 〈헌사〉로 시작하여 〈교훈〉으로 끝납니다. 〈내용〉은 전해오는 옛이야기(전설, 민담, 신화)를 기본 자료로 사용하며 그 안에 작가의 체험과 그 시대상을 반영시켰습니다. 그래서 전체적인 글 구조는 A. 헌사 → B. 내용 → C. 교훈 등으로 구성되어 있습니다.

생텍쥐뻬리의 『어린왕자』도 친구에게 바치는 〈헌사〉로 시작되며 책 구성도 뻬로 동화와 같습니다. 〈삽화〉를 넣은 점도 닮았습니다. 뻬로가 동화에서는 "진리가 보여야 한다." 하였는데 크리스마스 선물이 목적인 동화책에 진리가 보여야 하는 것은 너무나 당연한 일입니다. 그래서 『어린왕자』는 '사실과 진리'의 변주곡이라는 동화의 전형적 특성을 잘 보여줍니다. 뻬로와 생텍쥐뻬리의 동화에는 물론 다른 점도 있습니다. 이 이야기는 〈동화 나라〉를 이해하는 데 아주 중요하지만, 나중에 뻬로 동화 나라를 방문할 때 자세히 비교하며 설명하겠고 오늘은 몇 줄로 요약만 하겠습니다.

옛이야기라는 자료에 개인의 삶을 반영한 뻬로와 달리 생텍쥐뻬리는 개인 차원의 기억에서 시작해서 사회와 인류의 구원 문제로 끝을 맺습니다.

즉 『어린 왕자』는 하늘에 떠 있을 수밖에 없는 참혹한 전쟁 중의 삶을 작가의 간증(story)처럼 진솔하게 들려줍니다. 사막은 아무도 없기에 내면의 자기를 만나 성찰하는 곳이기도 하지만 영혼이 세례를 받는 곳, 즉 창조주 아버지를 만나기에 가장 좋은 곳입니다. 죽음을 직면하는 곳이기에 "나"에게 새 생명을 주고 나의 생명을 구하려고 오시는 구원자를 만나는 곳입니다. 비행기 불시착으로 고립된 사막에서 비행사가 구출된 것은 어린왕자를 만났기 때문이었습니다. 그 체험을 크리스마스 또는 부활절을 맞이하는 어린이들에게 어떻게 표현해야 했을까요? 비행사에게 갑자기 나타난 〈존재〉는 하늘에 계신 아버지, 왕의 아들인 〈왕자〉이고 새 생명을 얻은 비행사는 새롭게 갓 태어난 가장 순수한 〈어린이〉입니다. 어린왕자라는 이름 외에 더 좋은 이름이 있을까요?

〈동화 나라〉에 관해서는 관광이 끝난 후 나가는 문에 있는 작가의 걸작 그림을 보며 하려 했는데 아직 시간이 있으니 미리 말하겠습니다. 아니 이리 길게 미리 이야기해야 할 중요한 이유가 있기 때문입니다. 〈동화 나라〉는 나이로 한정 짓는 어린이만을 위한 나라도 아니고 〈재미〉만 있는 세계도 아닙니다. 내 모든 것을 팔고라도 사고 싶은 귀한 진주 같은 〈진리〉가 숨어있는 나라입니다. 그래서 〈동화〉라는 〈별나라〉를 이성적으로 가르치고 배우는 것은 개인과 사회의 역사적 아픔, 치유와 성장 등등에 관한 어려운 여러 지식을 정신과 마음과 영으로 배워도 진주를 찾기 어려운 거대한 정글 숲을 탐색하는 것과 같습니다. 그러나 각자의 마음과 정신의 깊이에 따라 숲의 공기를 마시며 즐길 수도 있기에 어린이는 어린이대로 꽃과 새소리를 즐길 수도 있습니다. 미래의 어른인 청소년 여러분에게는 이런 안내를 할 필요도 없지만, 나중에, 성장하여 혼자되었을 때, 되돌아보며 두고두고 그 무언가를 기억하게 하기 위함입니다. 〈별나라〉를 청소년 시절에 저와 같이 관광하였다는 기억만으로도 먼 훗날에 어린왕자를 만났었다고 기억시키고 싶어서입니다. 그때가 되면 더 많은 것을 스스로 깨닫게 될 것이기에 『어린왕자』와 〈동화 나라〉에 대한 안내는 이 정도로 하겠습니다. 앞으로 남은 시간은 각자 차에서 내려 동화 나라의 사막과 숲을 발길 닿는 대로 즐기며 산책하며 느끼라고 하고 싶지만, 길을 잃을 수도 있고 또 때로는 야수가 나올 수도 있어 차를 타고 둘러보겠습니다. 아차! 이 세상에서 가장 아름다운 풍경화 두 점은 아주 중요하기에 〈뱀〉이야기와 같이 미리 보고 가겠습니다.

이 세상에서 가장 슬프고 아름다운 그림

생텍쥐페리가 크리스마스 선물로 완성한 두 걸작[그림 7, 8]을 보면서 여러분은 구체적으로 어떤 사실이 떠오릅니까? 저에게는 모래 둔덕 위의 별은 죽음의 사막 같은 세상에 생명의 빛이 되신 아기 예수의 탄생과 죽음과 부활의 이야기를 떠올리게 합니다. 그래서 저도 아래 두 그림에서 영감받아 하나의 그림을 완성했습니다[그림 9].

모래 언덕 위로 쓰러지는, 노란 별빛을 닮은 옷을 입은 금발의 어린왕자를 그린 그림과, 그가 사라진 사막에 뜬 별만 보이는 그림은 작가인 비행사가 포기했던 화가의 꿈을 결국 이룬 명화인 듯해 저까지 가슴이 뿌듯해집니다. 제게도 이 두 그림보다 더 값진 선물은 없습니다. 이보다 더 아름답고 슬픈 풍경도 없을 것입니다.

[그림 7] 어린왕자,
나무가 무너지듯 조용히 쓰러지다.

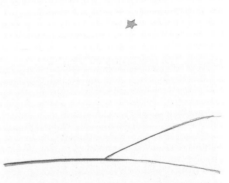

[그림 8] "이것은 내가 본 가장 아름답고 슬픈 풍경이다. 옆과 같은 풍경이지만, 여러분에게 잘 보여주기 위해 다시 한 번 그렸다. 지구의 바로 이곳에 어린왕자는 나타났다가 사라졌다.
당신이 언젠가 아프리카 사막을 여행할 것이라면 이 그림을 주의깊게 보아주시라! (중략) 한 아이가 여러분에게 다가와 웃거든, 그 아이의 머리칼이 황금빛이고 질문을 해도 대답이 없다면, 그가 누구인지 짐작할 수 있을 것이다. 부디 (중략) 슬퍼하는 나를 모른척하지 말고 편지를 보내주기를. 그 아이가 다시 돌아왔다고 알려주기를."

[그림 9] 관광 가이드가 제안하는
〈어린왕자〉의 중요한 의미

뱀 이야기로 시작한 『어린왕자』는 어린왕자를 죽이는 뱀 이야기로 끝납니다.

어린왕자가 뱀에게 죽음의 길을 맡기는 것은 죽음의 위협 속에 있는 비행사를 살리기 위함입니다. 어린왕자가 먼저 뱀에 물려 뱀의 독을 뺐으니 이제는 뱀이 비행사를 물어도 비행사는 죽지 않을 것입니다. 비행사를 대신해 어린왕자는 지구의 사막에서 소리 없이 쓰러져 흔적 없이 사라졌지만 우리는 알고 있지요. 어린왕자는 누구도 이길 수 없는 죽음의 힘을 이기고 어둠을 밝히는 영원한 빛, 별로 다시 태어났다는 것을요. 사실을 상징이나 우화로 표현하는 동화 텍스트에서 인류를 구원하기 위해서 십자가에 달렸다 부활하신 하나님의 아들(왕자) 이야기를 이보다 더 아름다운 우화로 표현할 수 있을까요? 위의 걸작품이 주는 큰 감동을 여러분에게도 주었으면 합니다.

〈별나라〉 소개

자 이제 드디어 〈별나라〉에 들어왔습니다. 〈별나라〉는 27개의 기억 공간으로 나뉘어 있어 27개의 문을 통과하게 되는데 여기서는 책에 표시한 대로 제1장, 제2장으로 소개하겠습니다.

제1장은 여섯 살 때의 기억이 보이는 풍경입니다.

여섯 살은 아직 어렸을 때를 칭하기도 합니다. 다 같이 첫 시작을 읽어 보겠습니다.

> 내가 여섯 살 때 한번은 『원시림 체험담』이라는 책에서 원시림에 대한 굉장한 그림을 본 적이 있다. 보아뱀(왕뱀)이 맹수를 삼키고 있는 장면이었다. 그 책에는 이런 글이 씌어 있었다. "왕뱀은 먹이를 씹지도 않고 통째로 삼킨다. 그래서 꼼짝도 못 하고 그

것을 소화 시키느라 6개월 동안 잠을 잔다"[그림 10].

　나는 그 모험에 대해 곰곰이 생각한 후 색연필로 첫 그림을 그렸다[그림 11]. 이 걸작을 어른에게 보이며 "무섭지 않아요?"라고 질문하면 어른들은 "모자가 왜 무섭지?"라고 답하였다. "내 생애 첫 걸작은 〈모자〉가 아니라 〈코끼리를 삭히는 보아(왕)뱀〉이었다. 그래서 어른들이 그림을 잘 알아볼 수 있도록 보아뱀 내부가 보이게 두 번째의 그림 2호를 그려 보여주었더니 어른들은 그림 따위는 그리지 말라는 것이었다[그림 12]. 어른들의 충고에 낙담하여 화가의 꿈을 포기한 나는 비행사가 되었다. 그래도 좀 똑똑해 보이는 어른을 만나면 내 그림을 보여주었으나 그림을 이해하는 어른을 만나지 못하였었다.

태어나서 보게 되는 무서운 첫 세상과 이해도 인정도 받지 못한 첫 그림입니다.

[그림 10] 『원시림 체험담』에 나오는 맹수를 집어삼키고 있는 보아뱀 그림　　[그림 11] 비행사가 생애 최초로 그린 그림 1호

[그림 12] 비행사의 그림 2호 : 코끼리를 소화시키고 있는 보아뱀

사람이 사는 전쟁 시기의 세상은 원시림 야수들의 세계보다 덜 무서울까요? 여러분은 모자 그림이 무섭나요? 코끼리(지도자)가 뱀에 갇힌 것이 왜 무섭나요?

제2장은 사하라 사막입니다.

사하라 사막은 작가가 어린왕자를 만난 곳입니다. 글을 쓰기 시작하는 1942년에서 6년 전쯤에 작가가 몰던 비행기가 추락한 이곳은 사람이 사는 곳에서 아주 멀리 떨어져 있고, 사막과 모래와 별만 보이는 곳입니다. 자신하고만 대화를 해야 하고 캄캄한 밤이면 하늘의 별과 대화해야 하는 곳입니다. 추위와 배고픔과 목마름이 엄습해오며 생명의 위협을 받게 되는 곳입니다. 고장이 난 비행기를 고치려고 끙끙대는 비행사 앞에 나타난 〈어린왕자〉는 그 상황에서 뜬금없이 양을 그려달라면서 조릅니다. 그림그리기는 비행사 안에 꼭꼭 숨어있는 아린 상처, 포기한 화가의 꿈입니다.

[그림 13] 비행사가 그린 병들고, 뿔이 있고, 너무 늙은 양과
어린왕자가 원하던 양이 들어있는 상자

비행사가 처음 그린 양들은 '병들고' '뿔이 나 있고' '늙었습니다'[그림13].

뿔나고 병들고 늙은 모습은 어린왕자가 바라는 그림이 아닙니다. 비행사는 마침내 어린왕자의 마음에 드는 아주 어린 양을 그리는 데 성공합니다. 상자의 세 구멍으로 보이는 평안히 잠자는 양입니다. 아주 오래오래 살 수 있는 양입니다. 여러분도 상자 안이 보이나요? 혹시 내 양도 뿔나고 병들고 너무 늙은 양인 것은 아닌지요?

제3장부터 제9장까지는 〈어린왕자〉가 누구인지 알아가기입니다. 작가 자신의 내면 성찰이기도 합니다. 〈어린왕자〉가 살던 작은 별나라의 이름은 B612입니다.

비행사도 숫자를 좋아하는 어른처럼 별 이름에 숫자를 넣었습니다. 왜 일까요?

『어린왕자』는 '옛날 옛적에~' 로 시작하는 옛이야기처럼 쓰지 않았습니다. 이유는 『어린왕자』 이야기가 무시당하던 하찮은 옛날이야기로 취급되지 않기를 바라기 때문이었다고 작가는 말합니다. 인생을 이해하는 사람에게는 옛날이야기가 더 사실적이나 그것을 사실적으로 듣는 어른은 거의 없기 때문입니다. 작가의 소리를 들어봅시다.

> 나는 이 이야기를 동화처럼 시작하고 싶었다. (...) : "옛날 옛적에 어린 왕자가 자기보다 조금 클까 말까 한 별에 살고 있었다. 그는 친구를 필요로 했다. (...) 인생을 이해하는 사람들에겐 이것이 훨씬 더 사실로 들렸을 것이다.

창밖 멀리 바오바브나무가 보이나요? 아주 위험한 나무입니다.

〈어린왕자〉의 작은 별나라에는 별나라를 뒤엎을 수 있을 만큼 크게 자라는 바오바브나무가 생길 수 있었습니다. 이 나무는 씨앗일 때부터 부지런히 없애는 습관을 키워야만 합니다. 조금 게으름을 피우는 것은 작은 일인 것 같지만 〈별나라〉를 사라지게 할 수도 있는 아주 중요한 문제입니다. 아래 그림을 보면 아주 작은 〈어린왕자〉가 아주 크게 자란 바오바브나무를 처치하기가 힘에 겨워 땀을 닦고 있습니다[그림 14]. 그 뿌리가 별나라를 온통 집어삼키고 있는데 작은 〈어린왕자〉의 힘으로는 역부족입니다. 이곳에 바오바브나무 그림을 옮기면 이곳마저 터져버릴 지도 모르겠습니다. 하지만 워낙 위험한 나무니까 "여러분 모두 조심하세요"

라고 크게 경고하기 위하여 이 자리에서도 바오바브나무 그림을 크게 보여주겠습니다.

[그림 14] 〈어린왕자〉의 작은 〈별나라〉와 바오바브나무들

〈어린왕자〉는 아주 외롭게 살아왔고 어느 날 그가 사는 별나라에 피어난 장미를 사랑하게 됩니다. 그런데 우리 모두 사랑을 알기엔 너무 어려 그냥 떠납니다. *사랑을 알 만한 나이는 몇 살일까요?*

제10장에서 제15장까지는 자기 별을 떠난 〈어린왕자〉가 이웃 나라를 방문하면서 만난 이상한 여섯 어른들(1. 왕, 2. 허영쟁이, 3. 알코올 중독

자, 4. 사업가, 5. 점등인, 6. 지리학자)의 독특한 모습들을 소개하고 있습니다. 어른들은 아마 별을 바라볼 마음도 시간도 없을 것입니다. 별과 대화할 줄 알아야 진정한 어른이 되는 데도 말입니다. *여러분은 어린이입니까? 어른입니까?*

제16장에서 제20장까지는 지리학자가 추천한 지구라는 별나라 이야기입니다.

우리가 사는 지구는 사막이 아닌 곳도 사막처럼 삭막합니다. 또 우리를 죽음으로 단숨에 보내버릴 수 있는 인간의 능력을 초월하는 힘을 가진 뱀이 존재하는 곳이기도 합니다. 그런데 어린왕자를 만나면 뱀의 무서운 힘이 사라지고 사막처럼 외롭고 삭막한 곳도 아름답게 바뀌게 됩니다. 지금도 사람들은 고층 건물에서 풍족한 문화생활을 누리는데 마음은 메마르고 짜고 뾰족합니다. 사람다운 사람을 찾기 힘듭니다. 〈어린왕자〉가 이 세상에 하나밖에 없는 희귀한 존재라고 생각했던 아름다운 장미가 이 별에는 5천 송이나 있기까지 합니다. 그럼에도 그 장미들은 진정한 사랑의 관계를 갖지 못하는 텅비어 있는 존재들이고, 모두 높은 담벼락 안 정원에 있습니다.

제21장과 제23장에서 〈어린왕자〉는 드디어 지혜로운 친구 여우를 만납니다.

친구 여우는 지혜의 나무, 그러나 상처가 난 사과나무 뿌리 깊은 굴에 숨어 지내고 있습니다. 그러나 시간을 들인 만큼 정이 깊어지는 사귐의 가치, 친구가 되는데 필요한 의식(儀式)과 삶의 지혜를 가르쳐줍니다. 그렇게 귀한 사귐을 나눈 정든 친구인데도 헤어져야 합니다. 만족할 줄도, 찾는 것이 무엇인지도 모르면서 마음만 조급한 어른들과 달리, 어른들이 만든 상업화된 이 세상에서 무엇을 찾아야 할지 아는 것은 어린이기에, 여러분이 희망임을 저는 봅니다.

제24장에서 제26장은 다시 비행사가 있는 사막입니다.

사막에 추락한 지 7일이 지났습니다. 생명의 한계상황에서 〈어린왕자〉의 이야기를 듣던 비행사는 갑자기 모든 삶의 수수께끼가 풀린 듯 세상을 달리 보게 됩니다.

첫째, 자신도 홀로 사는 이상한 어른처럼 살고 있음을 봅니다.

둘째, 보이지 않던 것들의 신비와 아름다움이 이제는 환하게 보입니다. 죽음의 사막에 존재하는 생명 샘, 보물이 숨겨져 있다는 옛집, 이 지나간 모든 곳이 왜 신비롭게 빛나고 있는지를 알게 됩니다. 외롭고 삭막하기에 어린왕자를 만날 수 있는 곳이고 어린왕자가 '나'를 만나러 온 곳이며 어린왕자가 같이 하기 때문입니다

셋째, 어린왕자가 자신을 구하기 위해 사막에 왔다는 것도 깨닫습니다. 어린왕자와의 만남을 통해 작가는 상처 난 아이 어른이었던 자신의 잘못을 되돌아보게 되고 다시 태어나고 자신의 길이 어린왕자를 닮아 본래의 고향으로 돌아가야 함을 깨닫습니다.

넷째, 본향인 별나라로 떠나면서 어린왕자는 비행사에게 웃는 별을 선사합니다. 어느 별에 살던 그곳에서 만난 꽃 한 송이를 사랑하면 어느 별에서든 모두 꽃이 피어나듯이 어린왕자의 웃음소리를 들은 비행사는 이제 어디에서나 웃는 별을 보게 됩니다. 모두가 사랑으로 행복해지는 새 세계에 대한 희망의 빛을 봅니다. 비행사의 상처는 마침내 치유되고 가장 아름다운 풍경화 그림을 완성하게 됩니다. 꿈이 이루어진 것입니다.

제27장은 〈교훈〉 장입니다.

『어린 왕자』가 주는 교훈은 우리에게 외치는 '간절한 부탁'입니다. "이곳을 지나가게 되면 어린왕자가 돌아왔다고 나에게 편지해 주세요." 외

치는 소리는, '우리 모두 영원히 소통하며 지내요.'라는 외침은, 작가와 어린왕자가 우리 모두에게 주는 끝없는 사랑의 고백입니다.

동화의 별이 된 생텍쥐뻬리와 『어린왕자』

이제 여러분과 헤어질 시간입니다. 『어린왕자』를 쓴 후의 이야기는 책에 없습니다. 그러나 우리는 생텍쥐뻬리가 별의 방향을 향해 갔다는 것을 알 수 있습니다. 그는 별이 가리킨 새 생명의 길을 따라갔습니다. 다시 비행할 나이가 지났음에도 위험한 정찰 비행사를 자원한 것은 가족과 친구와 나라와 어린왕자를 영원히 잊지 말자는 사랑의 기억, 웃는 별을 선사하기 위함입니다. 어린왕자처럼 소리 없이 사라짐으로 그는 영원히 사랑받는 〈동화의 별〉이 된 것입니다.

〈함께 생각하기〉: 30년 후 〈어린왕자〉를 만난 미래의 여러분을 상상해보기

1. 나 혼자로는 해결할 수 없이 커버린 나의 바오밥나무는 (   )이다.

2. 『어린왕자』를 만난 후, (   )이었던 내가 (   )으로 변하였다.

3. 어린왕자로부터 받은 선물에 대해 저에게 편지해 줄 수 있을까요?

〈참고문헌/함께 읽으면 좋은 책〉

Saint-Exupéry, Antoine de. *Le Petit Prince*. Paris : Gallimard, 1946/1993.

김정란. 『어린왕자의 불어』. 서울: 어문학사, 1997,

생텍쥐뻬리. 장성욱 역. 『어린왕자』. 서울: 문예림, 2012.

7

내 마음을 느껴봐 :

고흐와 뭉크의 예술과 삶

박효은
(사단법인 동서지행포럼 선임연구원)

글쓴이 **박효은**은 홍익대학교대학원 미술사학과에서 박사학위를 취득하고 고려대학교 동아시아문화교류연구소 연구교수, 미국 스밋소니언협회 국립아시아미술관(National Museum of Asian Art [Freer Gallery of Art and Arthur M. Sackler Gallery]) 방문학자(ARIAH Fellow)를 거쳐 국립춘천박물관 학예연구사로 근무했습니다. 또한 홍익대학교, 숭실대학교, 고려대학교, 덕성여자대학교대학원, 숙명여자대학교대학원 등에서 한국미술사, 한국회화사, 한국의문화유산, 동양미술사, 동양회화사, 동아시아문화교류사 등을 강의하기도 했습니다. 현재 동서지행포럼 선임연구원, 동아시아미술과영성연구원장으로 일하면서 미술사의 대중화와 위기청소년 사역을 돕고 있습니다. 최근의 주요 논저는 「장소를 표상하는 문자와 형상: 정선의 〈천불암도〉와 능파대도」(2023)를 비롯해 『꽃과 동물로 본 세상』(공저, 2021), 『근대를 만난 동아시아 회화』(공저, 2011) 등이 있습니다.

7

내 마음을 느껴봐 :
고흐와 뭉크의 예술과 삶

세상에서 가장 많이 사랑받는 그림과 그 작가

세계에서 가장 유명한 그림은 무엇일까요? 세계인이 가장 좋아하는 화가는 누구일까요? 영국 BBC의 〈명화백선(名畵百選, 100 Great Paintings)〉과 미국의 CNN 스타일(Style) 또는 구글(Google) 검색에서는 거의 공통적으로 빈센트 반 고흐의 〈별이 빛나는 밤〉[그림 1]이나 에드바르 뭉크의 〈절규〉[그림 2]를 레오나르도 다 빈치의 〈모나리자〉[그림 3]과 더불어 '세계 명화 탑(Top) 5'에 속하는 걸작으로 소개합니다. 이러한 화가나 작품은 여러분에게도 친숙할 텐데, 여러분 자신만의 탑 5에도 이러한 작품들이 있나요?

[그림 1] 빈센트 반 고흐, 〈별이 빛나는 밤〉,
1889년, 캔버스에 유채, 73×91cm,
뉴욕 근대미술관

[그림 2] 에드바르 뭉크, 〈절규〉,
1893년, 종이에 유채, 템페라,
파스텔, 91×73.5cm,
오슬로 국립미술관

오늘은 빈센트 반 고흐(Vincent Willem van Gogh, 1853-1890)의 〈별이 빛나는 밤〉과 에드바르 뭉크(Edvard Munch, 1863-1944)의 〈절규〉를 중

심으로 유명한 두 화가의 예술과 삶을 이야기해 보겠습니다. 미리 밝혀 둘 사항은, 첫째, 화가의 이름을 고흐, 뭉크로 간략하게 부르고, 〈별이 빛나는 밤〉은 〈별밤〉으로 줄여 부르려 한다는 것. 그리하면 화가의 이름이나 작품 제목의 전체를 매번 길게 되풀이하는 불편함을 피할 수 있으니까요. 둘째, 〈별밤〉을 그린 고흐, 〈절규〉를 그린 뭉크가 즐겁고 행복하고 안정적인 상태에서 작업했던 것이 아니라는 것. 오늘날 세계적으로 사랑받는 두 작가의 실제 삶이 불행과 가난, 좌절의 늪에서 고통스러워하던, 외롭고 고단한 것이었다니 놀랍지요? 그런데도 죽을 때까지 붓을 놓지 않았던 그들은 그림을 통해 무엇을 하려 했던 것일까요?

우선 〈별밤〉과 〈절규〉를 자세히 감상하며 각각 어떤 의미가 있는지 짚어볼게요. 이어 두 화가가 어느 나라 사람이고 언제, 어디서, 어떻게 활동했는지, 그 작품세계의 전반적인 특징과 개성적인 표현을 살펴보면서 공통점과 차이점을 생각해 보겠습니다. 서로 다른 시공간에서 어렵고 힘든 예술가의 길을 각자의 방식으로 충실하게 걸었던 두 사람이 만나는 지점에서 어떤 깨달음과 감동을 얻게 될지 기대돼요.

미친 사람만 그릴 수 있는 그림?

1889년에 고흐가 그린 〈별밤〉[그림 1], 1893년에 뭉크가 그린 〈절규〉[그림 2]는 19세기 말 서유럽에서 탄생한 20세기 표현주의 미술의 새로운 동향을 담고 있어요. 세잔, 고갱과 더불어 후기 인상파의 핵심인물로 꼽히는 고흐는 서양 현대미술의 기원을 연 화가로, 뭉크는 독일 표현주의의 선구자로 유명하죠. 둘 다 1880년대 파리에서 그림을 배웠고 새로운 미술을 추구해 〈별밤〉과 〈절규〉가 탄생하게 되었는데요, 각각을 그린 시점에 화가의 정신상태가 극히 불안정했다는 점에서도 공통됩니다. 그래서 두 사람의 작품세계를 종종 '광기'와 연결해 정신분석학이나 미술치료 차원에서 접근하는 분들이 많아요. 여기서는 미술사적인 관점에서 설명해볼게요.

〈별밤〉과 〈절규〉에 공통된 생생하고 도드라진 색채와 거친 붓질은 〈모나리자〉 [그림 3]에 보이는, 그들보다 4백여 년 전에 활동한 다 빈치(Leonardo di ser Piero da Vinci, 1452-1519)의 섬세하고 신중한 묘사방식과 아주 다르죠. 그 전통을 따라 고전적인 소묘와 구성, 원근, 명암을 탁월하게 구사하며 대상의 외형을 모방해 이상적으로 화면에 재현한 19세기 프랑스 아카데미의 거장 장 오귀스트 도미니크 앵그르(Jean Auguste Dominique Ingres, 1780-1867)의 묘사법과도 달라요[그림 4].

[그림 3] 레오나르도 다 빈치,
〈모나리자〉, 1503-06년경,
패널에 유채, 77×55cm,
파리 루브르박물관

[그림 4] 장 오귀스트 도미니크 앵그르,
〈루이 13세의 서약〉의 세부, 1824년,
캔버스에 유채, 421×262cm,
몽토방성당

미켈란젤로, 라파엘로와 함께 이탈리아 르네상스 3대 천재화가로 꼽히는 다 빈치는 수학, 과학, 해부학에 능통한 지식인이자 정확한 소묘와 화법을 구사한 화가였죠. 많은 이들로 하여금 고대 그리스-로마 미술을 동경하도록 이끈 그는, 그가 살던 시대는 물론 후대까지 수많은 거장들의 존경을 받았어요. 그래서 앵그르도 정확하고 입체적인 형태, 명료하고 통일된 구도, 체계적인 원근법과 명암법, 매끄럽고 안정된 색채가 적용된 화면을 추구했던 것이고요. 아카데미 중심의 국가적 후원에 의해 뒷받침된 그 화법은 유럽의 다른 여러 나라에서도 권위를 가졌고 역사화, 초상화, 성화 등에서 주제의 고상함과 기법적인 탁월함으로 널리 인정받았습니다. 그 전통이 기준이면, 〈별밤〉과 〈절규〉는 '막그림' 취급을 받을지도 몰라요. 실제로 고흐 작품은 그가 살아 있던 동안에 거의 팔리지 않았어요. 그의 방식은 당시 사람들의 눈에 너무 강렬하고 거칠고 편평해 보였거든요. 유일한 후원자이자 화상(畫商), 즉 그림 상인인 동생 테오에게 생활비와 재료비를 전적으로 의지했고, 대신 완성된 작품을 주었는데, 사주는 사람이 없었어요. 그렇게 고독과 궁핍 속에 작업하다 정신이상까지 왔으니 참 안타깝죠.

그럼에도 화가로서 고흐는 화면 안에서 색채를 조화롭게 구사하고, 그 색을 통해 감정과 생각을 표현하기를 끝까지 추구했어요.

나는 늘 두 가지 생각 중 하나에 사로잡혀 있(는데, 그 하나가)
색에 대한 탐구야. 색채를 통해 무언가 보여줄 수 있기를 바라는
거지. 서로 보완해 주는 두 가지 색을 결합해 연인의 사랑을 보여
주는 일, 그 색을 혼합하거나 대조를 이루어 마음의 신비로운 떨
림을 표현하는 일, 얼굴을 어두운 배경에 대비되는 밝은 톤의 광
채로 빛나게 해서 어떤 사상을 표현하는 일, 별을 그려서 희망을
표현하는 일, 석양을 통해 어떤 사람의 열정을 표현하는 일, 이런
건 결코 눈속임이라고 할 수 없어. 실제로 존재하는 걸 표현하는
것이니까.

- 테오에게 보낸 편지(1888. 9. 3.)[1]

---

1   빈센트 반 고흐, 신성림 역, 『반 고흐, 영혼의 편지』 (서울: 예담, 1999), 207-208.

사랑, 떨림, 사상, 희망, 열정. 눈에 보이지 않고 형태도 빛깔도 없지만 마음에 실재하는 감정과 생각을 색채를 사용해 보여주려 하는 것이 그의 최대 관심사였던 거예요. 별을 그려서 희망을 표현하려 했다는 언급도 눈에 띠네요.

〈별밤〉은 프랑스 남부의 아를 근처 생 레미에 있던 요양원에서 그린 작품이에요. 병실 창 너머로 본 동트기 전 밤하늘을 그린 거래요. 그림 상단부의 짙푸른 하늘에 11개의 별과 초승달이 있고, 이를 감싸며 소용돌이치는 기운이 인상적이에요. 하단의 중앙부에는 교회가 있는 마을이 있고, 이를 둘러싼 언덕과 숲이 층층이 펼쳐지는데, 생 레미 마을 풍경인지 기억 속 고향 풍경인지는 명확치 않아요. 두텁고 리듬감 있는 붓질로 물감을 덧발라 화면 전체가 흔들리는 듯한데, 하늘을 찌를 듯 한 첨탑이 있는 교회만 굳건하게 땅에 붙박혀 있어요. 화면 전경 왼쪽에 높이 솟은 사이프러스 나무가 별에 닿을 듯하고, 하늘과 땅을 곧장 연결한 그 형태는 첨탑이 있는 교회 형태를 반복하는 것으로도 느껴져요.

단순한 발작을 넘어 자기 귀를 자르거나, 그래서 아프고 초라해진 자신을 자화상으로 남기거나[그림 5], 물감 튜브를 빨아먹고 팔레트를 핥는 이상행동을 하던 그는 〈별밤〉을 그린 뒤 1년이 채 못 된 1890년 7월에 37세의 짧은 생을 마쳤어요. 그래서 이 그림에 담긴 역동적인 기세와 강렬한 색채가 그의 불안정한 정신 상태를 반영하고 있고, 혼란한 고뇌를 표현한 것이라 많이들 해석해요. 사실 '별밤'은 그보다 1년 전 아를에서 화가공동체를 일구기 위해 열정적으로 작업하던 시기에 그려본 주제이기도 해요. 〈론강의 별이 빛나는 밤〉[그림 6]이 그러한데, 당시 테오에게 보낸 편지를 보면 고흐에게 있어 밤하늘의 별은 열망의 대상이었어요.

지도에서 도시나 마을을 가리키는 검은 점을 보면 꿈을 꾸게 되는 것처럼 별이 반짝이는 밤하늘은 나를 꿈꾸게 해. 그럴 때 문곤 하지. 왜 프랑스 지도에 표시된 검은 점에게 가듯 하늘에서 반짝이는 저 별에게 갈 수 없는 것일까? 타라스콩이나 루앙에 가려면 기차를 타야 하는 것처럼, 별까지 가기 위해서는 죽음을 맞이해야 한다. 죽으면 기차를 탈 수 없듯, 살아있는 동안에는 별에 갈 수 없다.

- 테오에게 보낸 편지(1888. 6.)[2]

[그림 5] 고흐, 〈귀에 붕대를 감은 자화상〉, 1889년, 캔버스에 유채, 51×45cm, 개인

[그림 6] 고흐, 〈론강의 별이 빛나는 밤〉, 1888년, 캔버스에 유채, 72.5×94cm, 파리 오르세미술관

〈론강의 별밤〉에서 검푸른 하늘 중앙부에 자리 잡은 북두칠성은 뭇별들과 더불어 빛나고, 잔물결 이는 강 위엔 가로등과 상점의 불빛을 반사하는 빛그림자가 별빛인양 반짝여요. 검정이 아니라 남청색과 파란색, 청색 배경에 초록색과 흰색을 섞어 노란 별빛과 어울리는 밤하늘을 만들었는데, 비슷한 시기에 그린 〈밤의 카페 테라스〉에도 선명하고 깊은 파란색 밤하늘에 반짝이는 노란 별들이 보여요. 이 아름다운 아를의 별밤은 생 레미의 〈별밤〉에서 훨씬 격정적이고 더 절박한 무언가로 바뀌었는데, 별이 총총한 하늘에 닿으려는 열망이 아주 간절하죠. 별에 가려면

---

2 위의 책, 189-91.

죽어야 한다고 했던 발상이 혹시 관련이 있을까요? 〈별밤〉의 고요한 산골 마을 위로 요동치는 밤하늘 가운데 커다랗게 빛나는 노란 별들이 무엇을 상징할지, 그 마음의 변화가 짐작되나요?

한편, 뭉크의 〈절규〉에서 전경의 인물은 두 손으로 귀를 막은 채 퀭한 눈과 벌린 입으로 차마 뱉지 못하는 비명을 지르고 있어요. 빨갛고 노랗고 푸른 하늘과 검푸른 바다를 물들인 노을, 그 둘이 만나는 왼쪽 지점을 향해 오른쪽 하단의 전경에서부터 사선으로 화면을 가로지르는 난간도 위협적으로 느껴져요. 〈별밤〉보다 더 충격적인, 형언할 수 없는 압도적 고통이 그대로 다가옵니다. 어쩌다 이런 그림을 그렸을까요? 〈절망의 스케치〉에 기록된 1892년 1월 일기의 내용을 함께 살펴보죠[그림 7].

> 해질녘에 두 친구와 함께 걷고 있었는데, 하늘이 갑자기 핏빛으로 물들었다. 나는 죽을 것만 같은 피로감에 멈추어 서서 난간에 기대었다. 검푸른 피요르드와 도시 위로 핏빛 구름이 불타고 있었다. 친구들은 계속 걸어갔고, 나는 불안에 떨면서 거기 서 있었다. 그리고 나는 자연을 관통하며 울려 퍼지는 거대하고 끝없는 비명소리를 느꼈다.[3]

이에 따르면, 절규는 그림 속 인물이 아니라 핏빛으로 물든 자연 내지 노을의 색채가 하는 것이고, 뭉크 본인의 경험에서 나온 기억의 파동이에요. 신경쇠약과 현기증으로 고생한 20대의 뭉크를 떠올리면 거의 공황장애 상태가 연상되는데, 불안정하고 예민한 정신을 보유한 개인에게는 노을 진 하늘의 색채나 광선조차 끔찍하게 위협적이고 공포스런 경관이 될 수 있었던 거죠[그림 8]. 핏빛 자연에 대한 시각적 인상으로부터 강렬한 청각적 자극을 느낀 뭉크는 귀를 막고 눈을 크게 뜨고 입을 벌린 형

---

3 〈Despair〉(1892. 1. 22.), https://www.munchmuseet.no/en/object/MM.T.02367을 번역함.

상으로 그 압도적인 감정을 응집해냈던 겁니다.

[그림 7] 뭉크, 〈절망의 스케치〉
의 일부, 1892년, 종이에 목탄
과 유채, 37×42.3cm, 오슬로
뭉크박물관

[그림 8] 노르웨이 오슬로의 놀지는
피요르드 경관

　빙하에 의해 침식된 피요르드 해안지형의 경관은 노르웨이 수도 오슬로에 위치한 실제 장소인 에케베르크 언덕에서 본 것으로, 뭉크는 같은 노을 장면이 배경인 작품들을 여러 버전의 〈절규〉와 함께 계속 그렸어요. 1892년에 시도한 〈절망의 스케치〉[그림 기에서부터 에케베르크 언덕의 난간에서 본 핏빛 노을과 해안이 나타나고, 1894년의 〈불안〉[그림 9] 역시 같은 장소의 노을이 배경이에요. 퀭한 눈을 한 신사 숙녀들의 군은 얼굴은 1892년의 〈칼 요한 거리의 저녁〉[그림 10]에 보이는데, 〈절규〉의 인물 표현과 연결되지요. 〈절규〉는 1893년에 유화에 템페라, 파스텔을 더해 그린 원본과, 별도의 파스텔본이 있고, 1895년의 석판화본, 크레용본, 드로잉과 1910년의 템페라본을 비롯해 기타 여러 버전이 계속 제작되었어요. 이곳은 대체 어떤 장소기에 뭉크로 하여금 '자연의 비명소리'를 듣게 하고 반복해서 다시 그리게 했을까요?

　에케베르크 언덕은 뭉크 가족의 장례식이 여러 번 치러진 곳이고, 근처

[그림 9] 뭉크, 〈불안〉, 1894년,
캔버스에 유채, 93.5×73cm,
오슬로 뭉크박물관

[그림 10] 뭉크, 〈칼 요한 거리의 저녁〉,
1892년, 캔버스에 유채, 84.5×121cm,
베르겐 국립미술관

에 여동생이 입원한 정신병원도 있었죠. 하여 1892년 1월 어느 저녁에 친구들과 이곳을 찾았던 뭉크는, 그가 5살 때 돌아가신 어머니, 14살 때 죽은 누나, 얼마 전인 1889년 11월에 돌아가신 아버지와 영원히 작별한 그곳에서 머잖아 여동생이나 자신에게까지 찾아올 죽음을 떠올린 것 같아요. 친구들은 아무 감흥이 없었지만, 뭉크에게는 공포와 불안, 슬픔, 그리움, 결핍의 상처가 한꺼번에 트라우마로 덮쳐왔던 거예요. 그것이 얼마나 강한 스트레스였는지는 1893년본에 쓰인 "미친 사람만 그릴 수 있다(Kan kun være malet af en gal Mand)!"는 문구가 전해줘요. 1904년 코펜하겐 전시 때 처음 발견된 이 글귀는 〈절규〉를 혐오한 관람객의 몰지각한 낙서로 여겨졌지만, 2021년에 수행된 오슬로국립박물관의 과학감정 결과, 뭉크의 친필로 판정되었어요. 스스로 미쳤다 여길 만큼의 트라우마가 자연의 비명 소리를 불렀고, 고뇌하는 영혼의 절규를 낳은 거죠.

세상에서 가장 유명하고 많은 사랑을 받는 두 작품의 배후에 죽음과 고뇌가 있다는 점이 놀랍지요? 그것을 삶에 동반된 비극적 요소이자 살아있음의 일부로 인정한 두 화가가 특유의 방식으로 독자적인 예술세계를 완성한 것을 보면, 둘 다 아주 용감했다 하겠어요[그림 11, 12]. 그다지 알려지지 않은 놀라운 사실을 하나 더 말하면, 화가가 된 초기부터 작업 목적을 '마음 보여주기'로 작정한 고흐가 세상에 대해 사랑과 평안으로 담대하게 작업했다는 거예요.

[그림 11] 청년 고흐의 사진 세부,
1873년(20세), 반고흐미술관
아카이브(b4784)

[그림 12] 막스 린데 박사의 정원에서
찍은 뭉크 사진 세부,
1902년(39세), 출처: 위키피디아

다른 사람들 눈에는 내가 어떻게 비칠까. 보잘것없는 사람, 괴벽스러운 사람, 비위에 맞지 않는 사람, 사회적 지위도 없고 앞으로도 어떤 사회적 지위를 갖지 못할, 한마디로 최하 중의 최하급 사람. 그래, 좋다. 설령 그 말이 옳다 해도 언젠가는 내 작품을 통해 그런 기이한 사람, 그런 보잘것없는 사람의 마음속에 무엇이 들어 있는지 보여주겠다. (중략) 이 야망은 그 모든 일에도 불구하고 원한이 아니라 사랑에서 나왔고, 열정이 아니라 평온한 느낌에 기반을 두고 있다.

- 테오에게 보낸 편지(1882. 7. 21.)[4]

격정과 광기의 화가 고흐에 대한 통념과 달리 차분한 분위기예요. 비

4 고흐, 앞의 책, 64.

슷하게 담담한 태도가 뭉크의 중년 이후 모습에도 보여요. 아마 사회적 성공과 경제적 안정에 따른 그 자신의 성숙이 가져온 변화겠지만, 고흐 예술이 미친 영향도 주목됩니다.

보통 고흐를 이야기할 때 〈별밤〉(1889, 36세) 같은 후기작 위주로 언급하며 이전 면모에 무심한 반면, 뭉크는 〈절규〉(1893, 30세) 같은 젊은 시절 작품에 집중하면서 중년 이후의 양상에 무심하곤 하죠. 여기서는 두 화가가 어느 나라 사람인지에서부터 언제, 어디서, 어떻게 작업했는지를 정리해 그 예술세계를 다시 음미해보겠습니다.

고흐, 세상의 찬란한 아름다움을 그려 세상 사람들을 위로하다

고흐가 줄곧 프랑스에서 활동했다고 앞서 언급했지만, 본래 네덜란드 사람이에요. 1853년에 노르트브라반트주의 시골마을 쥔더르트에서 개혁교회 목사의 아들로 태어났어요. 화랑을 경영한 큰아버지 덕분에 1869년부터 구필화랑(Goupil & Cie) 헤이그 지점에서 일했고, 나중에 동생 테오도 화랑 일을 했지요. 업무가 적성에 맞아 1876년에 사직할 때까지 브뤼셀, 런던, 파리에서 전도유망한 화상으로 성장했는데, 미술학교 정규교육을 받지 않은 그가 미술사적 흐름과 유럽화단 동향에 친숙해질 기회였어요. 이후 그는 아버지처럼 목사가 되고자 신학대학을 준비했고 1879년에 벨기에의 탄광지대인 보리나주에서 전도사로 성도들을 잠시 섬겼어요. 하지만 사정이 여의치 않아 1880년에 27세의 늦은 나이로 화가의 길을 걷기 시작했어요. 1890년에 사망한 점을 떠올리면, 화가로서의 경력 자체는 10년이 채 안 됐어요. 그 짧은 기간에 900여점의 작품과 습작 1100여점을 남긴 것이니, 그가 얼마나 강한 집중력으로 엄청난 작업량을 감당하며 성실하게 작업했는지를 실감할 수 있어요.

처음에 브뤼셀 왕립미술학교에서 해부학, 소묘, 원근법을 잠시 배우고 헤이그의 외사촌 안톤 마우베에게 목탄화, 파스텔화, 수채화, 유화를 배운 그는 이후 혼자 작업하며 어두운 갈색조의 사실적인 그림을 많이 그렸어요[그림 13]. 1886년에 다시 안트베르펀 왕립미술학교에 등록했다 곧 그만두고 동생 테오가 일하는 파리로 건너갔죠. 거기서 화가로 살며 테오의 화랑을 통해 베르나르, 러셀, 로트렉을 만나고 모네, 시슬레, 드가, 시냑, 쇠라, 고갱 등과 교제하며 화풍이 크게 변해요. 〈몽마르트의 채소밭〉[그림 14], 〈탕기 영감의 초상〉[그림 15]은 인상파와 신인상파 등의 최신 동향을 접한 파리 체류기(1886.3.-1888.2.)의 변화를 실감케 하죠. 1888년부터 남프랑스의 아를에 정착해 열정적으로 작업에 몰두하는데 이 아를 체류기(1888.2.-1889.5.)에 밝고 원색적인 색채, 도드라진 굵은 붓질, 두 개 이상의 색을 겹쳐 칠한 색면의 조화가 특징인 자기 양식을 확립했어요[그림 6, 16, 17, 18]. 계속해서 고갱과 헤어져 정신병원에서 요양하던 생 레미 시기(1889.5.-1890.5., 그림 1, 5, 19), 병이 깊어져 결국 비극적인 최후를 맞는 오베르 쉬르와즈 시기(1890.5.-1890.7.)를 거쳐 갔지요.

[그림 13] 고흐, 〈감자를 먹는 사람들〉, 1885년, 캔버스에 유채, 82×114cm, 암스테르담 반고흐국립미술관

[그림 14] 고흐, 〈몽마르트의 채소밭〉, 1887년, 캔버스에 유채, 96×120cm, 암스테르담 시립미술관

전체적으로 볼 때, 고흐는 주변에 실재하는 사람과 사물에 깊은 애정을 가졌고 지속적으로 관찰하며 성실하게 작업했던 화가라 여겨져요.

아버지의 성경책이나 낡고 허름한 신발 등 평범하지만 개인적 의미가 있는 사물을 진지하게 묘사한 것에서부터 1882년의 〈복권〉, 1884년의 〈감자 심는 농부와 그의 아내〉, 1885년의 〈감자를 먹는 사람들〉[그림 13] 같은 그림을 그리며 가난한 자들에 대한 연민과 포용, 일상에 대한 깊은 통찰을 담았거든요. 특히 〈감자를 먹는 사람들〉에서 거칠고 투박한 손이 강조된 광부 일가족의 소박한 만찬을 그려 일상의 경건함과 노동의 가치를 기념했죠.

> 나는 램프 불빛 아래에서 땅을 파던 바로 그 손으로 감자를 먹는 사람들을 그려 그들이 노동을 통해 자신의 음식을 어떻게 얻었는지를 그리고 싶었어. 접시로 내민 손, 자신을 닮은 바로 그 손으로 땅을 팠다는 점을 분명히 보여주려고 했지. 그 손은, 손으로 하는 노동과 정직하게 노력해서 얻은 식사를 암시하고 있어.
>
> ― 테오에게 보낸 편지(1885. 4. 30.)[5]

가난한 노동자 가족의 평범한 저녁 식탁을 거룩하고 위대한 무언가로 바꿔 놓은 진지함과 겸손함이 크게 다가와요.

고흐는 렘브란트 같은 네덜란드 거장은 물론 프랑스 화단의 여러 동향에서 배울 점을 많이 취했어요. 들라크루아 이래 색채와 색조의 표현 가능성과 상상력을 중시한 경향, 밀레·도미에 이래 농부·노동자의 일하는 모습과 주변 일상을 주제로 한 경향, 모네·마네·르느와르·드가 이래 햇빛 아래 눈에 보이는 자연과 실재에 관심 두는 경향, 쇠라가 계발한 색채의 광학적 효과와 보색 대비, 점묘법 실험의 경향, 사진술과 일본 채색목판화 등의 새로운 매체 탐구 경향 등 다양한 양상을 환영했지요. 그중 가장 큰 자극과 영감을 주었던 것은 들라크루아·밀레·도미에 같은 프랑스 화

---

5 위의 책, 119-24.

가, 히로시게 같은 일본 판화가였던 듯해요. 이들의 작품과 고흐가 추구한 '색채의 조화', '자연', '일하는 사람'이 연결되거든요. 인상파의 장점을 취한 뒤 동서양의 거장들을 따라 그 한계를 넘어섰던 거죠. 일본 판화의 영향은 자화상[그림 5], 〈탕기 영감의 초상〉[그림 15]의 배경에 그려져 있는 일본 미인들과 후지산 풍경에서 확인되어요.

[그림 15] 고흐, 〈탕기 영감의 초상〉,
1887년, 캔버스에 유채, 92×75cm,
파리 로댕미술관

[그림 16] 고흐, 〈아를의 침실〉, 1888년,
캔버스에 유채, 72×90cm,
시카고 아트인스티튜트

조화로운 색채는 아를 체류기에 열정적으로 탐구되었어요. 〈아를의 침실〉[그림 16], 〈밤의 카페〉, 〈해바라기〉, 〈붉은 포도밭〉[그림 17], 〈씨 뿌리는 사람〉[그림 18] 등에서 확인되는데, 특히 〈아를의 침실〉은 다음과 같이 구상한 기록이 있어요.

　　이번에 그린 작품은 내 방이야. 여기선 색채가 모든 것을 지
　　배하지. 단색 계열을 사용해 그림 속 사물의 분위기를 최대한 살

릴 거야. 그래서 전체적으로 휴식, 수면이 연상되는 그림으로 만들어야지. 한마디로 이 그림을 보면 머리가, 아니 그보단 상상력이 쉬게 되는 거야. 벽은 옅은 보라색이고, 바닥에는 붉은 타일이 깔려 있어. 침대의 나무틀과 의자는 신선한 버터 같은 노란색이야. 시트와 베개는 초록빛이 감도는 밝은 레몬색이고, 이불은 진홍색, 창문은 녹색, 세면대는 주황색, 대야는 파란색. 문은 연보라색. 그게 전부란다. (중략) 가구의 육중한 분위기는 휴식이 절대로 방해받지 않을 것임을 말하고 있어. (중략) 단순한 구도의 그림이야. 그림자나 미묘한 음영도 다 뺄 거야. 일본 판화처럼 솔직 담백하고 평면적인 색조로 칠해야지.

- 테오에게 보낸 편지(1888. 10. 16.)[6]

방 색깔을 마음대로 칠해 휴식, 수면이 연상되게 그려 방해받지 않는 휴식처를 표현하려 했던 것. 기발하지 않나요? 기획대로 〈아를의 침실〉은 그에게 안식을 주던 작은 방의 편안함과 정다움을 그대로 보는 이에게 선물하는 매력적인 작품이 되었어요.

자의적인 채색법의 다른 예로 〈붉은 포도밭〉, 〈씨 뿌리는 사람〉도 있어요. 고흐 생전에 팔린 거의 유일한 작품으로 유명한 〈붉은 포도밭〉은 비 내린 뒤 석양이 대지와 포도 잎의 색을 바꿔 놓을 때의 경관을 기억에 의지해 그린 것으로, 자연에서 그린 것보다 덜 어색하고 더 예술적인 느낌이라며 만족해한 작품이죠.[7] 〈씨 뿌리는 사람〉은 갈아엎은 땅에 자주색을 섞은 무채색과 노란색을 함께 칠하고, 밀밭은 황갈색과 노란색에 양홍색을 살짝 넣어 그리며, 크롬옐로 1호에 흰색을 더해 태양을, 크롬옐로 2호를 더해 하늘을 그렸음을 일일이 기록해둔 사례예요.[8] 둘 다 같

6   위의 책, 214 및 이승재 역, 『빈센트 반 고흐, 영혼의 그림과 편지들』(서울: 더모던, 2023), 262.
7   테오에게 보낸 편지(1888. 11-12.)는 신성림 역, 위의 책, 223.
8   베르나르에게 보낸 편지(1888. 6. 19.)는 이승재 역, 앞의 책, 172-74; 신성림 역, 위의 책,

[그림 17] 고흐, 〈붉은 포도밭〉, 1888년, 캔버스에 유채, 73×91cm, 모스크바 푸슈킨미술관

[그림 18] 고흐, 〈씨 뿌리는 사람〉, 1888년, 캔버스에 유채, 64×80.5cm,
오테를로 크뢸러밀러미술관

은 해에 그렸는데, 둘 다 샛노란 하늘에다 흰색을 더해 밝고 커다란 태양을 그린 점이 흥미롭네요.

생 레미 시기의 걸작 〈꽃 피는 아몬드 나무〉[그림 19]를 소개하며 고흐이야기를 마무리할게요. 〈밀레를 모방해 그린 첫걸음마〉와 더불어 이그림은 1890년 1-2월에 그려졌고, 테오의 첫아들 탄생을 기뻐한 큰삼촌

180-84.

[그림 19] 고흐, 〈꽃 피는 아몬드 나무〉, 1890년, 캔버스에 유채, 73.5×92cm,
암스테르담 반고흐미술관

의 마음이 담겼어요.[9] 자신과 이름이 같은 첫조카에 대한 기대, 동생네
가정에 대한 축복을 청회색과 청록색의 하늘, 나뭇가지 사이사이에서 빛
나는 하얀 꽃과 꽃망울로 표현했어요. 연애에 실패한 독신자요 정신이
무너진 상황 가운데였지만, 동생 가족의 행복과 안녕을 간절하게 바랬던
거죠. 그 마음의 진실함은 5개월 전에 쓴 다음의 편지에서 알 수 있어요.

> 다시 희망을 갖게 되었어. 그 희망이 뭔지 아니? 가정이 네게
> 의미하는 것이, 나에게 흙, 풀, 노란 밀, 농부 등 자연이 갖는 의미
> 와 같기를 바라는 것이었어. 바꿔 말해, 너에게 가정이 사랑하는
> 사람을 위해 일할 이유가 될 뿐 아니라 필요할 때는 너를 위로하
> 고 회복시켜 주는 것이기를 바란다는 말이다. 그래서 부탁하는
> 데, 너무 일에 찌들지 말고 너 자신을 돌봐라. 너희 부부 모두 말
> 야. 아마 그리 멀지 않은 미래에 좋을 일이 있을 꺼야.
> - 테오에게 보낸 편지(1889. 9. 5-6.)[10]

---

9   테오가 형에게 보낸 편지(1890. 1. 31.); 고흐가 테오에게 보낸 편지(1890. 2. 2.) 및 어머니
      께 보낸 편지(1890. 2. 15.)는 신성림 역, 위의 책, 281-85.
10   위의 책, 271.

첫 조카 빈센트는 가족 전체의 기쁨이었을 텐데, 〈꽃 피는 아몬드 나무〉의 색이 유독 밝고 빛나는 것은 그 순수한 환희를 표현했기 때문일 거예요. 자신이 누구고 무엇을 하는지 알았다는 점에서 사명자였던 고흐는, 비록 돈을 벌진 못했지만, 따뜻하고 사랑이 충만한 사람이었음을 그림을 통해 알 수 있어요. 그에게 있어 화가는 "이 일이나 저 일을 하기 위해서가 아니라 위로하기 위해, 보다 위로가 되는 그림을 준비하기 위해 작업하는 존재"였고, 그가 그리려 했던 것은 "소박한 사람들에게 말을 거는 그림"이었다는 사실을 잘 음미해 보면 좋겠어요.[11]

뭉크, 어두운 방을 서성이다 위대한 예술과 생명 충만한 자연으로 가다

뭉크는 노르웨이 사람입니다. 1863년 로이텐에서 군의관의 아들로 태어나 이듬해부터 크리스티아니아(현재 오슬로)에서 살았어요. 어려서부터 병약했던 데다 5살 때 어머니가 폐결핵으로 돌아가셨고, 아내를 잃고 종교에 광신적으로 빠진 아버지에게 정서적으로나 신체적으로 학대를 받으며 컸어요. 1877년에 누나 소피에마저 폐결핵에 걸려 세상을 떠났고요. 학교 대신 가정학습을 택할 만큼 몸과 마음이 여렸던 그에게 너무 어린 시절에 겪은 죽음과 질병에 대한 공포, 양육자가 안겨준 좌절과 두려움은 너무 힘든 요소였죠. 사랑과 격려 대신 결핍과 상처로 불안정했던 그의 인간관계는 성장한 후에도 쉽게 파탄에 이르렀고, 연인과의 사랑마저 구원이 되지 못했어요. 그의 청장년 시절 작품에 불안과 공포, 두려움, 소외, 질투의 부정적인 감정과 공허한 인간관계가 거칠고 극적인 화면, 암울한 색채, 강렬한 선과 구도로 그려진 데에는 누적된 나쁜 경험과 어두운 내면, 피폐한 기억이 크게 작용했다 하겠어요[그림 2, 7, 9, 10, 20, 22, 23]. "나는 보는 것을 그리는 것이 아니라 내가 보았던 것을 그린

---

11 고흐가 테오에게 보낸 편지(1889. 6. 18. 추정; 1889. 11-12.)는 이승재 역, 앞의 책, 344-45; 신성림 역, 앞의 책, 275-77.

다"고 했던 말은 경험해서 아는 것, 즉 자신이 기억하는 상황과 감정을 그리고자 했던 그의 작업태도를 설명해 주죠.[12]

뭉크가 미술에 입문한 것은 1881년 크리스티아니아 왕립미술공예학교에 다니면서고, 크리스티안 크로그 문하에서 사실적인 회화를 배웠어요. 1889-91년에 정부장학금으로 파리에서 유학하면서 고향인 오슬로와 니스, 베를린을 오갔던 것을 보면, 생활은 다소 넉넉했던 것 같아요. 선호했던 주제가 도시생활의 면모를 시적이고 상징주의적으로 그리는 것이었던 점에서 초창기의 고흐 작품과 차이가 많죠[그림 20, 21과 그림 13 비교]. 작가로서의 사회활동은 주로 독일에서 했는데, 1892년 베를린예술가협회전에서 작품이 거부당하자 '베를린분리파'를 결성했고, 이후 〈절규〉의 탄생과 연작들이 이어져요. 혹평과 저항이 많았지만 40대에 독일에서 열린 개인전이 대성공을 거둬서 독일 표현주의 회화의 선구자로 인정받았고, 1908년에 귀국하여 노르웨이 국민화가에 등극합니다. 그즈음 알코올 중독과 신경과민으로 인해 정상적인 생활을 하기 힘들자, 자진해서 정신병원에 들어가 인생 2막을 준비했죠. 1944년 사망하기까지 2만 5천여 점의 작품을 제작하면서 81세까지 장수한 그는 "영혼의 고백" 내지 "영혼의 시"로 일컫는 예술세계를 완성했는데, 나치는 "퇴폐미술"로 낙인찍기도 했어요.[13]

세느 강이 보이는 파리 생 클루의 우울하고 고독한 밤풍경과 쨍한 햇살이 환하게 비취는 오슬로 도심의 칼 요한 거리 풍경은 1890년 당시 뭉크가 근원이 다른 화풍을 다 구사했음을 전해줍니다[그림 20, 21]. 그중 칼 요한 거리를 재현한 화풍은 1887년에 고흐가 몽마르트 풍경을 그린 화풍과 유사해[그림 14], 둘 다 인상파 회화에 노출되었음을 알려주죠. 점점이 뿌려진 색점은 신인상파에도 흥미를 가졌음을 전해주고요. 2년

12 『영혼의 시, 에드바르드 뭉크』, 예술의전당 한가람미술관 도록 (서울: 컬처앤아이리더스, 2014), 47.
13 위의 책; 유성혜, 『뭉크: 노르웨이에서 만난 절규의 화가』 (파주: 북이십일 아르떼, 2019).

[그림 20] 뭉크, 〈생 클루의 밤〉,
1890년, 캔버스에 유채,
64.5×54 cm,
오슬로 국립미술관

[그림 21] 뭉크, 〈봄날의 칼 요한 거리〉,
1890년, 캔버스에 유채, 80×100cm,
베르겐 국립미술관

뒤 그려진 고흐의 1889년 작 〈별밤〉[그림 1]과 뭉크의 1892년작 〈칼 요한 거리의 저녁〉[그림 10], 이어진 1893년 뭉크의 〈절규〉[그림 2]는 훨씬 강렬하고 불안한 색채와 역동적인 붓질을 담고 있어요. 이러한 표현은 자기화된 방식으로 자기 목소리를 발하는 단계의 것이죠. 인상파 화가에게 있어 망막에 비친 대상의 순간적인 인상을 화면에 담는 시각적 표현이 중요했던 것과 다르게 〈별밤〉의 고흐, 〈절규〉의 뭉크는 눈에 보이는 표피적인 수준 너머, 마음속에서 꿈틀거리는 감정이 화면과 곧장 연결될 수 있도록 색채의 표현 가능성을 확장하는 데 집중했던 거예요.

두 사람은 화가가 경험한 현실과 감정과 생각이 회화의 내용과 형식을 결정하게 된 변화를 이끌었던 점에서 공통되지만, 자신의 불행과 고통 자체를 작품의 주제로 삼았던 점에서 자기 내면의 어둠을 직시하는 데 있어선 뭉크가 훨씬 더 용감했어요. 날 때부터 그를 지배한 병약함, 신경질적으로 강박적이던 아버지에게 물려받은 광기, 너무 일찍 잃은 어머니와 누나의 빈자리, 매력적이되 신뢰할 수 없던 연인과의 사랑 등 여러 요소가 그를 숨 막히는 공포와 불안, 깊은 슬픔에 결박시켰고, 그것이 작품

[그림 22] 뭉크, 〈병든 아이〉, 1885–86년, 캔버스에 유채, 119.5×118.5cm, 오슬로 국립미술관

[그림 23] 뭉크, 〈마돈나〉, 1894–95년, 캔버스에 유채, 91×70.5cm, 오슬로 국립미술관

에 곧장 반영되었어요[그림 2, 7, 9, 10, 20, 22, 23]. 아픈 누나에 대한 기억이 1885-86년의 〈병든 아이〉에서 죽음 앞에 체념하는 소녀와 절망하는 어머니 형상으로[그림 22], 어긋난 사랑과 배신한 연인에 대한 추억은 성모 마리아를 뜻하는 '마돈나'의 자애롭고 어여쁜 어머니 형상[그림 4] 대신 봉긋한 가슴과 임신한 배를 가진 유혹하는 여성[그림 23] 형상으로 굳어진 거죠. 유념할 점은 그가 인생의 어두운 단면을 트라우마로만 보지 않았다는 것입니다. 미술작품의 정당한 주제로 간주했고 또 주장했어요.

> 남자들은 책을 읽고 여자들은 뜨개질을 하는 그런 실내 정경
> 은 더 이상 그리지 않을 것이다. 내가 그리는 그림은 살아 있는 생
> 생한 사람들이 될 것이다. 숨 쉬고, 느끼고, 아파하고, 사랑하는,
> 그런 모습의 사람들이어야 한다.[14]

---

14 뭉크, 「생 클루 선언문 초안」(1889), 이충순, 박성식 역, 『뭉크 뭉크』(서울: 다빈치, 2019), 50.

날 때부터 질병과 죽음과 광기가 옆에 있었다는 그에게 있어 실내에서 책 읽고 뜨개질하는 점잖은 남녀만 그린다는 것은 따분하고 가식적인 태도로 여겨졌을 거예요. 대신 그는 누구나 겪는 보편적인 감정을 진실하게 표현해 삶의 의미를 설명함으로써 뭇사람들이 자기 삶의 방향과 가치를 명확히 하는 데 도움이 되고자 했어요. 이 발상이 〈생의 프리즈〉 시리즈로 발전한거구요. 아마 죽음과 고통에 대한 자기 이야기가 스스로를 치유케 할 뿐 아니라 누군가에게 위로가 될 수 있음을 알았던 거겠죠.

그런데, 중년 이후 뭉크 작품에 색다른 사례가 있어요. 1911년에 오슬로대학교 개교 백주년 기념 공모로 학교 대강당을 장식한 벽화 〈태양〉으로, 1916년 완공되었어요[그림 24]. 민족적이고 역사적인 관점에서 노르웨이의 자주성을 선전한 공공미술 연작의 일부로, 노르웨이 통화 1000크로네 앞뒤에 그의 초상과 함께 인쇄되어 있어 '국민화가'의 위엄을 대변해 주지요. 바위 절벽과 연둣빛 들판 너머의, 바다 위로 솟은 태양과 그로부터 방사형으로 내뿜어진 빨강, 파랑, 노랑의 힘찬 원색 햇살이 온 세상을 뒤덮어요. 〈절규〉를 비롯한 기존의 뭉크 작품과 너무 다른 분위기죠. 오슬로에서 새해 일출을 맞는다면 이러할까요? 덴마크-노르웨이 국왕이 1811년에 세운 이 학교는 1946년까지 노르웨이 유일의 대학이었고, 1814년 스웨덴에 합병됐다 1905년 독립한 노르웨이는 공모가 있던 1911년 당시 신생국이었어요. 이 점을 생각하면, 귀국 후 정신병원에서 회복을 도모했던 뭉크는 이 프로젝트를 통해 자신의 거듭남과 희망찬 노년에의 기대는 물론 국가적 계몽의 함의, 즉 자유롭고 건강한 학문 탐구의 전당인 대학이 나라의 밝은 미래임을 은유적으로 표현하려 했던 것 같아요.

보다 흥미로운 점은 고흐 역시 크고 둥근 찬란한 태양을 종종 그렸다는 거예요. 〈붉은 포도밭〉[그림 17]에서는 화면 상단 오른쪽 지평선 위에 떠 있지만, 〈씨 뿌리는 사람〉[그림 18]에는 화면 상단 중앙의, 황갈색 밀밭 지

[그림 24] 뭉크, 〈태양〉, 1910-16년, 캔버스에 유채(벽화), 455×780cm,
오슬로 오슬로대학교 강당

평선 위로 둥글고 노란 태양이 황금빛 햇살을 방사형으로 내뿜어 갈아엎
은 밭에 노랗고 하얀 빛을 흩뿌려 놓았어요. 1889년엔 〈쟁기질하는 사람
이 있는 들판〉, 〈수확하는 사람과 태양이 있는 밀밭〉에서 들판이나 밀밭
위에 뜬 태양을 그렸고, 이외에도 태양을 그린 고흐 작품이 많아요.

언제부터인지 명확진 않지만, 뭉크는 고흐를 잘 알았고 존경했던 것이
분명해요. 1912년 봄에 퀼른의 존더분트 전시회에 초청받았을 때 고흐,
고갱, 세잔과 동등하게 독립된 방에서 전시한 적도 있거든요. 고흐에 대
한 존경의 마음이 명확하게 드러난 것은 1933년에 쓴 일기로, 그 예술세
계를 닮아가기를 열망했죠.

고흐는 그의 짧은 일생 동안 자신의 불꽃이 꺼지도록 허락하
지 않았다. 그가 예술을 위해 스스로를 불살랐던 몇 년 동안 불꽃
과 열정이 붓 위에 있었다. 그보다 더 오래 살았고, 더 경제적 여
유가 있지만 나 또한 고흐처럼 생각하고 열망한다. 그처럼 내 불

꽃을 소멸시키지 않고 끝까지 불타는 붓으로 그림을 그릴 수 있
기를.

- 뭉크의 일기(1933.10.28.)[15]

이에 고흐 예술에 자극받아 뭉크의 시선이 어두운 내면의 방을 벗어나
위대한 예술과 밝고 환한 자연을 향했을 가능성을 생각해볼 수 있어요.

[그림 25] 뭉크, 〈별이 빛나는 밤〉, 1922–24년, 캔버스에 유채, 120.5×100cm,
오슬로 뭉크박물관

1913년의 〈설원의 노동자들〉, 1916년의 〈봄의 땅고르기〉 같은 뭉크 작
품은 고흐 것과 주제적으로 연결되고, 그즈음의 뭉크는 "예술이 영양을
듬뿍 섭취하는 유일하고 위대한 왕국"인 자연에서 "마음속의 내적인 이
미지"를 취할 수 있음을 이미 주목하고 있었어요.[16] 또 뭉크가 그린 〈별

15 유성혜, 앞의 책, 305.
16 뭉크, 「예술과 자연」(1907-1908), 김세중 외 편, 『현대세계미술대전집』11 (서울: 금성출판
    사, 1980), 83.

밤〉이 있는데, 1922-23년의 〈별밤〉이 가장 유명한 사례고[그림 25], 1923년 작품과 훨씬 이른 1893년 작품도 있어요. 특히 1920년대 작품에서 밤하늘이 불규칙하게 요동치듯 한 면모는 고흐의 생 레미 〈별밤〉을 의식한 듯해요. 오스고르더스트란드의 적막한 해안을 그린 1893년 그림은 〈론강의 별밤〉과도 연결되죠. 이에 뭉크가 파리를 비롯한 여타 도시에서의 전시 관람, 화랑 방문을 통해 고흐 작품을 접했을 가능성이 있다고 봐요. 고흐의 〈별밤〉, 〈붓꽃〉이 1889년 앙데팡당전에 전시되고, 1891년 앙데팡당전에 출품된 고흐 작품 중에 〈일출〉이 있었으며, 테오의 화랑을 드나들던 노르웨이 화가도 있었으니까요. 더 확인해봐야겠지만, 고흐 작품과 뭉크의 표현주의가 실제로 연결될 수 있다는 점이 흥미로워요.

고통을 예술로 승화시킨 위대한 영혼들

고흐와 뭉크가 그림을 통해 전하려 한 마음의 진실을 느껴보았나요? 두 화가는 색채와 형상이 조화를 이룬 캔버스 위에 다양한 이야기를 심어 놓았습니다. 화가라면 마땅히 그래야 한다고 스스로 생각한 바를 화면에 당당하게 드러냈어요. 그래서 인생에 대한 비전과 꿈, 희망은 물론 부정적인 감정이나 느낌을 진실하게 표현하는 각자의 방식을 완성했고, 이것이 새 시대를 주도하는 미술 중 하나로 자리 잡게 되죠.

평탄치 않은 삶을 살았던 만큼 그들은 모두 그림으로 우리를 위로하고 격려하고 용기를 주고 싶어 한 듯해요. 특히 고흐는 현실의 여러 어려움에도 불구하고 세상을 사랑했고, 세상의 아름다움을 새롭게 보여줄 수 있는 자신의 직업을 사랑했다고 봐요. 그 열정이 뭉크에게 영향을 미침에 따라 내면의 어두운 방 안에 갇혀 있던 한 영혼이 자기 외부의 자연과 예술에서 새로운 세상을 발견할 수 있었던 것이 아닌가 해요.

사실상 화가의 삶과 예술세계에 대한 지식의 소유 여부와 상관없이 훌륭한 작품은 우리의 눈길과 마음을 사로잡습니다. 작품 자체에 농축된

매력이 우리로 하여금 그 작가와 여타 작품들에 관심을 갖도록 이끄는 거죠. 그들의 예술세계와 삶을 알게 되면 그들이 통과했던 고통과 불행을 함께 느끼며 마음 졸이고, 기쁨을 함께 즐거워하며, 보석 같은 작품을 만든 그 영혼의 순수함과 위대함에 경탄하며 감사하게 돼요.

가끔 고통과 두려움으로 가득한 이 세상이 과연 버텨내고 잘 살아볼 만한 가치가 있는지 묻는 친구들을 봐요. 최고의 기쁨에서 가장 깊은 슬픔까지, 행복한 희망에서 공포와 불안, 질투, 소외, 배신의 쓰라림까지 폭넓은 감정을 색채와 형태로 표현했던 두 화가의 예술세계와 삶을 살펴보는 과정에서도 답이 찾아지기를 바랍니다.

〈함께 생각하기〉

1. 내가 좋아하는 화가는 (   )이고, 대표작은 (   )이다. (*한 작품 선택)

2. 화가 (   )의 작품 (   )에서 내가 발견한 아름다움은 (   )이고,
(   )한 요소가 감동적이다.

〈참고문헌/함께 읽으면 좋은 책〉

곰브리치, 에른스트. 백승길, 이종승 역. 『서양미술사』. 서울: 도서출판 예경, 2017.

김영나. 『서양 현대미술의 기원 1880-1914』. 서울: 시공사, 1996.

뭉크, 에드바르. 이충순, 박성식 역. 『뭉크 뭉크』. 서울: 다빈치, 2019.

반 고흐, 빈센트. 신성림 역. 『반 고흐, 영혼의 편지』. 서울: 예담, 1999.

_____. 이승재 역. 『빈센트 반 고흐, 영혼의 그림과 편지들』. 서울: 더모던, 2023.

베일리, 마틴 주은정 역. 『빈센트반고흐: 영혼의화가, 그 창작의 산실을 찾아서』. 서울: 북커스, 2021.

유성혜. 『뭉크: 노르웨이에서 만난 절규의 화가』. 파주: 북이십일 아르떼, 2019.

조선미. 『화가와 자화상』. 서울: 도서출판 예경, 1995.

컬처앤아이리더스 편. 『영혼의 시, 에드바르드 뭉크』, 예술의전당 한가람미술관 특별전 도록.
    서울: 컬처앤아이리더스, 2014.

8

어느 누구도 아무나가 아닙니다

김은하

(장로회신학대학교 객원교수)

글쓴이 **김은하**는 장로회신학대학교에서 역사신학으로 박사학위를 취득하고 현재 강남대학교에서 기독교와 유럽문화를 가르치고 있습니다. 저서로는 『생명문명 시대를 연 20세기 기독여성지도자』, 공저로는 『내 양을 먹이라: 교회사속의 목회』, 소논문으로는 "The Growth, Decline, and Transformation of the Diaconal Ministry and the Role of Women Deaconesses in the Early Churches," 와 8.15 해방 이후 한국 YWCA 기독여성운동 들이 있다. 현재는 동서지행포럼에서 교화시설 청소년들에게 여행, 인권, 역사 등 치유와 성장을 위한 강좌를 진행하고 있습니다.

8
어느 누구도 아무나가 아닙니다

'누군가'와 '아무나'의 뜻을 아시나요?

영어로 "Anybody"와 "Somebody"의 차이를 알고 있나요? "Anybody"는 "어떤 사람이라도"라는 뜻이에요. 이 단어는 주로 부정문이나 의문문에서 자주 쓰이며, 누구든지, 아무나 상관없다는 의미가 있지요. 예를 들어 "Anybody can participate in the event." (누구든지 이 행사에 참여할 수 있어요.) 라고 해요. 이때 "Anybody"는 특정한 사람이 아니어도 된답니다. 그래서 "아무나"라고 해석할 수 있어요.

그런데 "Somebody"는 "누군가"를 의미해요. 특정한 사람을 가리키죠. "Somebody"는 긍정문이나 의문문에서 쓰이며, 특정한 사람이라는 뉘앙스를 가지고 있어요. 예를 들면, "Somebody left their umbrella in the hall way." (누군가 복도에 우산을 두고 갔어요.)라고 해요. 이때 "Somebody"는 특정한 사람을 가리키는 거예요. 그리고 "She is somebody." (그녀는 누군가야) 라고 할 때, "그녀는 특별한 사람이야"라는 의미가 돼요. "Somebody"는 특정한 개인을 가리키는데, 그 사람이 중요한 존재임을 나타내요. 요약하자면, "Anybody"는 어떤 사람이든 가능한 대상을 가리킬 때 쓰이고, "Somebody"는 특정한 사람이나 중요한 사람을 가리킬 때 쓰이는 거죠.

그러면, 다른 사람을 "아무나"로 생각할 때와 "누군가"로 생각할 때 우리의 태도는 어떻게 바뀔지 한번 생각해 볼까요? "아무나"로 생각할 때는 이런 태도를 보일 수 있어요. 첫째로, 일반화하고 무시하는 경향이 있어요. 타인을 일반화하거나 무시하는 경향이 있는 거죠. 이는 그들의 개성이나 가치를 인정하지 않게 되어요. 둘째로, 책임을 회피하는 경향이 있어요. "아무나"로 생각할 때는 타인에 대한 책임을 회피하는 경향이 있어요. 그들의 감정이나 필요를 무시하게 되는 거죠. 셋째로, 불신하거나 거부하는 경향이 있어요. 타인을 "아무나"로 여기면 그들과의 관계에 불신이나 거부감이 생길 수 있어요.

그렇다면 "누군가"로 생각할 때는 어떨까요? 첫째로, 개별적으로 인식하고 존중하는 경향이 있어요. "누군가"로 생각할 때는 타인을 개별적으로 인식하고 그들의 개성과 가치를 존중하는 경향이 있어요. 둘째로, 책임감과 배려가 증가할 수 있어요. "누군가"로 생각할 때는 타인에 대한 책임감과 배려가 높아져요. 그들의 감정과 필요에 민감하게 대응하려고 하게 됩니다. 셋째로, 신뢰와 친밀감을 증진할 수 있어요. 타인을 "누군가"로 생각하면 그들과의 신뢰와 친밀감이 더 깊어질 수 있어요.

그래서 "아무나"로 타인을 대하는 것은 보통 존중과 이해를 부족하게 만들 수 있고, 그들의 필요와 감정을 무시할 수 있어요. 그러나 "누군가"로 타인을 대하는 것은 개별적으로 존재하는 타인을 인정하고 존중하는 것이기 때문에 보다 긍정적이고 건강한 관계를 형성하는 데 도움이 될 수 있지요.

어느 누구도 아무나가 아닙니다

혹시 우리 주변에서 "아무나"로 여겨져서 차별이나 무시를 당하는 사람이 있다면 누굴까요? 우리의 주변에서 "아무나"로 여겨지는 사람은 다양합니다. 각자의 관심사나 상황에 따라 다르죠. 그중에서도 이번에는 주로 탈북 청소년들에 대해 이야기해 볼게요. 이 자료는 통일부에서 배포된 2022년 북한이탈주민-탈북 청소년 실태조사 자료예요.[1]

자료에 의하면, 성별은 '남성'이 49.6%, '여성'이 50.4%로 모든 나이에서 성별 비율은 비슷하고요. 연령은 '고등연령'이 56.1%로 가장 높고, 다음으로 '중등연령'(31.5%), '초등연령'(12.4%) 순으로 고등학생 비율이 높

---

1 통일부, "통일부_북한이탈주민_탈북 청소년_실태조사", https://www.data.go.kr/data/1500
   2328/fileData.do, [2024. 3. 28. 접속].

았어요. 이들은 거주기간이 '10년 이상'이 39.9%로 가장 높고, 다음으로 '5~10년 미만'(36.0%), '3년 미만'(13.1%) 등의 순이고, 거주지역별로 '10년 이상' 거주 중인 탈북 청소년은 '비수도권'이 51.1%로 상대적으로 높았던 반면, '수도권'은 '5~10년 미만'이 36.6%로 가장 높게 나타났어요. 거주지 유형은 '부모님과 함께 거주하는 집'이 80.5%로 가장 높고, 다음으로 '학교 기숙사'(9.8%)에서 살거나, '친인척과 함께 거주하는 집'(4.2%) 등의 순서래요.

그리고 북한에서의 재학 경험은 '다닌 적 있음'이 31.8%, '다닌 적 없음'이 21.5%이고, 탈북 이후 제3국에서의 재학 경험은 '다닌 적 없음'이 63.1%, '다닌 적 있음'이 4.5에 불과하다고 합니다. 이런 상황에서 이들은 한국에 와서 현재 재학 중인 학교의 유형은 '일반 정규학교'가 90.8%로 가장 높고, 다음으로 '학력 인정 대안학교'(6.1%), '기타 대안학교'(3.1%) 등의 순이랍니다. 그런데 이들은 학교생활에 적응하는 데 대부분 어려움을 겪고 있답니다. 이들은 학교 공부에서 어떤 어려움을 겪고 있을까요? 다음은 그들이 이야기하는 학교생활의 어려움을 나타낸 표입니다.

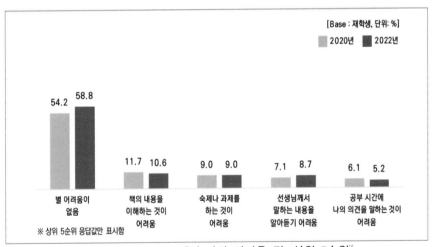

[그림 1] 학교 공부에서 가장 어려운 점, 상위 5순위[2]

---

2   통일부, "통일부_북한이탈주민_탈북 청소년_실태조사," 위의 자료, 27.

이들이 처한 어려움은 먼저 1) 책의 내용을 이해하는 것의 어려움, 2) 숙제나 과제를 하는 것의 어려움, 3) 선생님이 말하는 내용을 알아듣기 어려움, 4) 공부 시간에 나의 의견을 말하는 것의 어려움을 토로하고 있어요. 그뿐만 아니라 진로에 관한 생각은 '나는 다양한 직업의 종류에 대해 알지 못한다'라는 응답이 39.9%로 가장 높고, 다음으로 '나는 나를 잘 몰라서 앞으로 무엇을 해야 할지 모르겠다.' (36.9%), '나는 관심 있는 직업에 대한 정보를 어디서 얻을 수 있는지 모르겠다.' (30.4%) 등과 같이 자신의 진로에 대한 불안감을 호소하고 있어요.

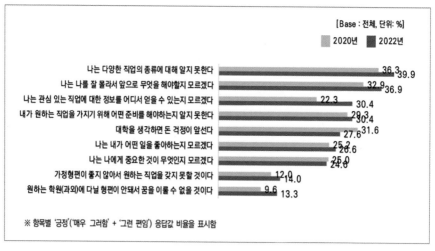

[그림 2] 진로에 대한 생각[3]

그런데 비교적 괜찮은 것 같은 이 통계에도 불구하고 이들은 자신이 북한에서 왔다는 사실을 밝히지 않는 생활을 하고 있어요. 자신이 북한에서 왔다는 사실을 밝히지 않는 가장 큰 이유로는 '굳이 밝힐 필요가 없다고 생각해서'라는 응답이 68.7%로 가장 높고, 다음으로 '차별 대우를 받을까 봐' (10.6%), '밝히면 어색해질지 봐'(8.4%), 동정받는 것이 싫어서

---

3   위의 자료, 40.

(3.5), 부모님이 밝히지 말라고 해서 등이랍니다.

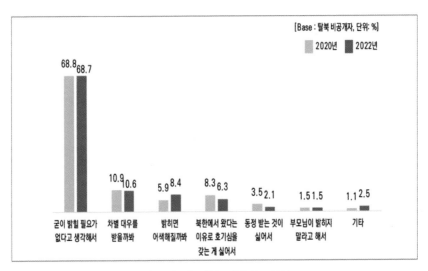

[그림 3] 탈북 비공개 이유[4]

그런데, 비공식 자료에 의하면 탈북학생 중 학교를 그만두는 학생들이 늘어나고 있어요. 특히 고등학교에 올수록 학업을 그만두는 학생들이 많아지고 있어요. 이들 대부분은 가정환경이 어려운 학생들이었습니다. 그렇다면 이들이 학교에 적응하지 못하고 학업을 포기하는 이유는 무엇일까요? 여러 이유가 있지만, 주요한 네 가지 이유는 이렇습니다.

첫째로, 탈북 후 장기간 다른 나라에서 지냈기 때문에 학업 공백이 생겨서 한국에 온 후에 나이보다 낮은 학년에 배정되는 경우가 많았습니다. 둘째로, 한국의 학교 교육제도나 문화, 교육 내용 등이 익숙하지 않아서 학교에 적응하기 어려웠습니다. 셋째로, 학업 성취도가 낮고 가정에서 학습을 도와주는 지원이 부족해서 학교에 적응하기 어려웠습니다. 또한, 북한이탈주민 청소년은 한국 사회에 적응하면서 가치관이 혼란스러워지고, 북한 억양이나 사투리가 드러나면 차별을 받거나 따돌림을 경

---

4   위의 자료, 55.

험하기도 합니다. 이런 상황은 자아정체성을 형성하는 과정에서 어려움을 겪게 됩니다. 그래서 북한이탈주민 청소년들이 학교에서 어려움을 겪고 학업을 포기하는 비율이 높아지는 거지요.

또래 친구들의 인권을 지켜주는 리드 피어가 되어주세요

청소년 시기는 진짜로 주변 친구들의 영향을 많이 받는 시기라고 해요. 만약에 이 친구들이 누군가에게서 '그냥 누구나'가 아니라 '특별한 누군가'로 대해 준다면, 학교를 그만둘지 말지 고민하는 학생 수가 줄어들지 않을까요? 저는 탈북 청소년들이 남한 친구들과 잘 어울리고 서로 도와주면, 중도 탈락률을 줄일 수 있다고 생각해요. 우리가 어떤 그룹에서 좋은 친구를 만나면 뭐든 버텨낼 수 있는 용기가 생기잖아요. 그래서 북한이탈주민 청소년들을 이해하고 먼저 다가가서 도와주고, 주변 친구들이 부정적인 태도를 보일 때 긍정적인 방향으로 이끌어 줄 수 있는 또래 친구가 있다면, 문화적인 차이를 이겨내고 남한 친구들과 안정된 관계를 형성하는 데 도움이 될 거로 생각해요.

우리는 흔히 우리 주변에 있는 북한이탈주민, 장애인, 다문화 친구들을 만나게 됩니다. 그리고 새로운 문화와 환경에서 힘들게 적응하려는 사람들을 환대하고 그들의 친구가 되어준다면 이 세상이 얼마나 따뜻하고 아름다운 곳이 될까요? 그렇다면, 우리가 다른 사람을 존중하고 그들을 특별한 사람(Somebody)으로 대해야 하는 근거는 무엇일까요? 그것은 바로 모든 사람의 인권을 존중하는 행위이기 때문입니다.

그렇다면, 인권이 뭘까요? 그것은 바로 인종, 성별, 장애 여부, 국적과 상관없이 모든 사람이 존엄성을 보장받는 권리를 말해요. 그럼, 인권 관련법으로는 어떤 것이 있는지 한 번 살펴볼까요? 가장 먼저 살펴볼 것은 세계인권선언이라는 법인데, 그중 몇 가지만 살펴보아요.

세계인권선언문[5]

제1조 모든 사람은 태어날 때부터 자유로운 존재로 태어났고, 한 사람 한 사람의 존엄과 권리는 모두 똑같다. 사람에게는 이성과 양심이 있으므로 상대방을 형제애의 정신으로 대해야 할 것이다.

제2조 모든 사람은 인종, 피부색, 성, 언어, 종교, 정치적 견해 또는 그 밖의 견해, 출신 민족 또는 사회적 출신의 높고 낮음, 재산의 많고 적음, 혈통이나 가문, 그 밖의 지위 등에 따른 어떠한 구분도 없이, 이 선언에 나와 있는 모든 권리와 모든 자유를 누릴 자격이 있다.

제3조 모든 사람은 자기 생명을 지킬 권리, 자유를 누릴 권리, 그리고 자기 자신의 안전을 지킬 권리가 있다.

제6조 모든 사람은, 그 어디에서건, 법 앞에서 다른 사람들과 똑같은 한 인간으로 인정받을 권리를 가진다.

제7조 모든 사람은 법 앞에서 평등하며, 그 어떤 차별도 없이 법의 평등한 보호를 받을 자격이 있다. 모든 사람은 이 선언에 어긋나는 그 어떤 차별에 대해서도, 그리고 그러한 차별을 선동하는 그 어떤 행위에 대해서도, 남들과 똑같은 보호를 받을 자격이 있다.

제8조 모든 사람은 헌법 또는 법률이 보장하는 기본권을 침해 당했을 때 해당 국가의 법원에 의해 효과적인 법률구제를 받을 권리를 가진다.

또한, UN이 정한 아동의 권리에 대해서는 "UN 아동권리협약(UN Convention on the Rights of the Child: CRC)이라는 협약이 있어요.

---

5 "세계인권선언문," https://www.moj.go.kr/bbs/moj/124/516302/artclView.do

UN 아동권리협약이 담고 있는 4가지 기본권[6]

· **생존권**: 적절한 생활 수준을 누릴 권리, 안전한 주거지에서 살아갈 권리, 충분한 영양을 섭취하고 기본적인 보건 서비스를 받을 권리 등, 기본적인 삶을 누리는 데 필요한 권리입니다.

· **보호권**: 모든 형태의 학대와 방임, 차별, 폭력, 고문, 징집, 부당한 형사처벌, 과도한 노동, 약물과 성폭력 등 어린이에게 해로운 것으로부터 보호받을 권리입니다.

· **발달권**: 잠재 능력을 최대한 발휘하는 데 필요한 권리입니다. 교육받을 권리, 여가를 즐길 권리, 문화생활을 하고 정보를 얻을 권리, 생각과 양심과 종교의 자유를 누릴 권리가 여기에 속합니다.

· **참여권**: 자신의 생활에 영향을 주는 일에 대하여 의견을 말할 수 있어야 하며, 그 의견을 말하고 존중받을 권리입니다. 표현의 자유, 양심과 종교의 자유, 의견을 말할 권리, 평화로운 방법으로 모임을 자유롭게 열 수 있는 권리, 사생활을 보호받을 권리, 유익한 정보를 얻을 권리 등이 있습니다.

그런데, 우리는 한 가지 유념해야 해요. 모든 사람이 인권을 가지고 있고 그것을 요구할 수 있지만, 때로는 두 가지 이상의 권리가 충돌할 수 있다는 걸 기억해야 해요. 그래서 우리는 모든 사람의 권리를 존중하고 서로 소통하는 능력이 중요해요. 이것이야말로 인간이 사회에서 살아가기 위해 가장 필수적인 능력이거든요. 우리는 서로의 의견을 주고받으면서 서로를 이해하고 조정할 수 있는 능력을 키워야 해요.

의사소통은 서로의 감정과 생각을 표현하고 조절하는 능력을 말해요.

---

6 "UN 아동권리협약," http://www.korea1391.go.kr/new/page/agreement.php

이것은 상대방을 존중하고 서로를 이해하는 것이 중요해요. 그래서 상대방의 권리를 존중하면서 의사소통할 수 있는 사람을 우리는 인권 감수성이 높다고 말해요. 이는 바로 우리가 인권 문제를 인식하고 해결할 수 있는 능력을 말해요. 즉, 서로 다름을 인정하고 존중하는 것이 중요하다는 거죠. 그래서 우리는 인권 감수성을 키워야 해요. 이것이 바로 다양한 문제를 인식하고 해결하는 데에 도움을 줄 거예요. 인권을 존중하고 서로를 이해하면서 더 나은 세상을 만들 수 있을 거예요.

리드 피어가 되어 모두가 행복한 삶을 선택한 여러분에게 이 글을 선물합니다

이제까지 선생님은 탈북 청소년 실태를 소개하고 그들의 상황을 외면하지 말고, 적극적으로 탈북 청소년의 인권을 지켜주는 리드 피어(또래 인권지킴이)가 되자고 요청했어요. 이 태도는 타인을 아무나(Anybody)로 대하는 것이 아니라 특별한 사람(Somebody)로 인식하는 데서 시작한다고 말했습니다. 저는 그런 삶을 실천한 사람 중의 매우 인상 깊은 분이 한 분 있어서 마지막으로 소개하려고 합니다. 그 사람은 바로 UN 안전보장이사회에서 연설한 오준 UN대사입니다. 그의 연설을 들으며 오늘 수업을 마칩니다

2년 전 한국이 유엔안전보장이사회의 비상임 이사국으로 처음 회의에 참석했을 때, 북한의 미사일과 핵 문제를 논의했습니다. 그리고 처음에 이어 이 마지막 회의에서도 북한 인권을 얘기하고 있습니다. 단지 우연의 일치겠지만 제 마음은 무겁기만 합니다. 왜냐하면 대한민국 사람들에게 북한 주민은 그저 아무나(Anybodies)가 아닙니다. 대한민국 수백만 명의 이산가족에겐 아직 북쪽에 그들의 가족이 남아있습니다. 비록 그들의 목소리를 직접 들을 수 없고 분단의 고통은 엄연한 현실이지만 우리는 알고 있습니다. 겨우 수백 Km 떨어진 그곳에 그들이 살고 있

다는 걸 말입니다. 북한인권조사위원회(CQI) 보고서에 적힌 인권침해의 참상을 읽으며 우리 가슴도 찢어지고, 탈북자의 증언을 들으면서 마치 우리가 그런 비극을 당한 것처럼 같이 울지 않을 수 없고, 슬픔을 나누게 됩니다. 먼 훗날 오늘 우리가 한 일을 돌아볼 때, 우리도 똑같이 인간다운 삶을 살 자격이 있는 북한 주민을 위해 '옳은 일을 했다'라고 말할 수 있게 되길 진심으로 기원합니다. [오준 / UN 대사 한국대표부 이사][7]

이제 여러분 주변에 있는 어려움을 겪는 친구들이 외롭지 않도록 도와주는 리드 피어가 되어주실 거죠? 우리는 모두 인권을 존중하고, 또 존중받을 만한 가치가 있는 사람들이에요. 여러분이 다른 사람을 아무나가 아니라 누군가로 대할 때, 우리가 함께 이 세상을 더욱 아름답게 만드는 사람이 될 거라고 확신합니다.

---

7   YTN, "오준 대사 연설. UN도 울고 젊은 세대로 울었다."
     https://www.youtube.com/watch?v=a7frgVj3VYE

〈함께 생각하기〉

1. 내가 생각하는 "리드 피어(또래 지킴이)"는 ..... 하는 사람이다.

2. 내가 생각하는 "리드 피어(또래 지킴이)"는 ..... 하지 않는 사람이다.

〈참고문헌/함께 읽으면 좋은 글과 책〉

YTN. "오준 대사 연설. UN도 울고 젊은 세대로 울었다,"

　　https://www.youtube.com/watch?v=a7frgVj3VYE, [2024.3.28. 접속].

구정화. 『청소년을 위한 인권 에세이』. 서울: 해냄, 2015.

법무부 홈페이지. "세계인권선언문,"

　　https://www.moj.go.kr/bbs/moj/124/516302/artclView.do, [2024.3.28. 접속].

아동권리보장원 홈페이지. "UN 아동권리협약,"

　　http://www.korea1391.go.kr/new/page/agreement.php, [2024.3.28. 접속].

통일부 홈페이지. "통일부 북한이탈주민 탈북 청소년 실태조사,"

　　https://www.data.go.kr/data/15002328/fileData.do, [2023.3.28. 접속].

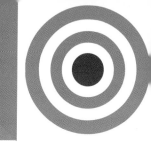

9

청소년을 위한 페미니즘 톡&톡

양정호
(장로회신학대학교 조교수)

글쓴이 **양정호**는 중세 여성 영성 분야에서 중세여성신비가 'Julian of Norwich의 감성의 신학 연구'를 주제로 논문을 작성하고 미국 클레어몬트 대학원 종교학부에서 박사학위를 취득하였다(Ph. D. in Women's Studies in Religion). 귀국 후 서울여대 대학교회에서 대학교회 청년부와 서울여대 캠퍼스 사역을 하면서 여러 대학교에서 강의를 했다. 현재는 장로회신학대학교 학술연구처 소속 조교수로서 학술지 『장신논단』 편집총무 및 장로회신학대학교출판부 편집인으로 책을 만드는 일을 하면서, 역사신학 분야 강의를 함께 하고 있다. 저서로는 『예수님과 함께 하는 일만시간의 비밀』, 공저로는 『21세기 공공리더십』, 『내양을 먹이라: 교회사 속의 목회』, 『하나님과 함께 하는 영혼의 여정』 등이 있다.

9
청소년을 위한 페미니즘 톡&톡

50대 남성이 페미니즘을 강의한다구?

안녕하세요! 여러분. 지난 10년 동안 우리나라에서는 여성주의와 관련된 많은 일들이 일어났죠. 이런 일들을 보면서, 우리나라가 '페미니즘의 역사'에서 보면 아직도 1세대에 머물러 있는 것 같아서 너무 아쉬웠어요. 그래서 저는 여러분과 같은 틴에이저들이 페미니즘에 대해 좀 더 잘 이해할 수 있게 도와줄 수 있으면 좋겠다는 생각에, 비록 50대 남성이기는 하지만 청소년들을 위한 페미니즘 강의를 준비했어요.

처음 저를 만나는 청소년들은 "50대 남성이 청소년들에게 페미니즘을 어떻게 가르칠 수 있을까?"라는 의문이 생길 수도 있을 거 같아요. 그래서 저를 소개해 볼까, 합니다. 저는 Women's Studies in Religion 프로그램에서 여성학, 여성사, 여성신학을 공부하고 박사학위를 받았어요. 대학에서는 역사를 공부하다가, 석사 과정에서는 여성사를 공부하면서 여성주의에 관심이 생겼어요. 그래서 한국에서는 배울 수 없는 여성종교학을 공부하러 유학을 갔고, 석박사 통합과정에서 공부하면서 여성학 석사학위도 받았어요. 저는 그 프로그램의 처음이자 유일한 남학생이었고, 한국에서 여성종교학으로 박사학위를 받은 최초의 남성이에요. 저는 역사를 연구하는 사람이니까, 직접 경험하지 않은 여성의 역사에 대해서도 연구할 수 있었어요. 그래서 저는 여성으로서의 경험이 없지만, 여성사를 연구하고 있고, 그로 인해 여성학에 대해 객관적으로 접근할 수 있다고 생각해요. 그럼, 이제 본격적으로 강의를 시작해 볼까요? 준비되었나요?

페미니즘이 반대하는 것은 남성이 아닌 차별

페미니즘 또는 여성주의에 대해 들어본 적 있나요? 아마도 TV, 신문, 인터넷 기사 등 다양한 매체에서 '페미니즘'이나 '여성주의'라는 단어를 접하였을 거예요. 이런 용어들은 일상생활에서 가끔씩 마주치는 단어들 가운데 하나죠. 하지만 많은 오해와 편견이 있어서, "여러분이 생각하는 여성주의는 무엇이며, 여러분이 생각하는 페미니즘은 무엇인가요?"라고 물어보고 싶어요.

페미니즘에 대한 의견은 사람마다 다르죠. 어떤 사람들은 긍정적인 운동으로 보고, 다른 사람들은 아니라고 생각할 수 있어요. 여성주의 혹은 페미니즘에 대한 많은 논란들은 다양한 의견이 필요하다는 것을 더욱 강조하고 있어요. 여성주의가 왜 이렇게 핫 이슈가 되었는지 궁금하죠? GS25 편의점 광고를 둘러싼 논란, 유튜버 보겸의 "보이루"라는 인사말을 여성혐오로 비난한 여성학자의 논문, 여성가족부 폐지 문제 등이 그 예죠. 여러분들은 페미니즘에 대해 어떻게 생각하셨나요?

과연, 페미니즘이란 무엇일까요? 페미니즘이라는 단어는 여성을 뜻하는 라틴어 'femina'에서 비롯된 것이에요. 'femina'는 여성을 뜻하고, '-ism'은 사상을 뜻하는 접미사로, 이 두 단어가 결합해 'feminism'이라는 단어가 탄생했어요. 그래서 우리는 페미니즘을 '여성주의'로 번역해서 사용하고 있어요. 여성주의 또는 페미니즘에 대한 균형 잡힌 이해를 위해서는 여성에 대한 전반적이고, 입체적이고, 그리고 올바른 인식이 필요해요. 그렇지 않으면, 여성주의는 '여성의 여성에 의한 여성을 위한' 이론으로서만 그 역할을 하는 것으로 끝나게 될 거예요. 그리고 '여성주의'에 대한 올바른 이해가 없으면, 페미니즘이 가부장적 사회질서를 무너뜨리고 남성혐오를 부추기는 것으로 오해받을 수 있어요. 실제로 여성주의자들 가운데는, 특히 여성주의 역사의 1세대에 해당하는 여성들 가운데는 페미니즘의 목표가 가부장적 사회질서를 무너뜨리는 것이라고 주장한 사람들도 있었습니다.

서양 전통에서는 여성이 남성 중심적인 시각으로 정의되었어요. 남성 중심의 시각에서 여성에 대한 부정적인 이미지가 형성된 것은 아리스토텔레스와 아퀴나스의 정의에서 잘 나타나고 있지요. 두 사람에 의하면, "여성은 미완의 남성"이에요. 이런 시각은 더 이상 받아들여질 수 없지만, 생물학적인 '차이'를 다름이 아닌 '열등'한 것으로 보는 사람들이 아직도 있어요. 이는 인종차별이 사라지지 않는 이유와 같아요. 여성에 관한 가장 기본적인 정의는 "생물학적 성이 여성인 인간 (Female human being)"이에요. 하지만 고대와 중세, 그리고 근대 초까지도 많은 남성학자들은 여성을 human being이라고 여기지 않았어요. 지금도 세계 곳곳에서 인종차별과 여성차별이 일어나고 있지 않나요? 그 이유는 그 차별을 받는 사람을 human being으로 여기지 않기 때문이에요.

페미니즘을 이해하기 위해서는 "여성의 특징"에 대한 이해가 필요

우리 한국의 페미니스트 가운데에는 특히 유교 문화권에서 여성에 대한 차별이 심하다는 주장을 하는 사람들이 있어요. 그런데 그건 자기 문화에 대한 무시와 비하의 예가 될 수도 있다는 것을 생각해 보아야 하는데, 그 이유는 결코 정당한 비판이라고 볼 수 없기 때문이에요. 구체적인 반대 주장을 예로 들어보면, 서양의 기독교 문화권에서 여성에 대한 차별이 더욱 심각하게 자행되었던 과거의 사실을 우리는 반드시 기억해야 합니다. 여성을 마녀로 몰아서 죽음으로 몰아갔던 사건, 곧 마녀재판으로 알려진 사건은 유명한 예입니다. 더구나 그것은 신의 이름으로 이루어진 차별이었어요. 여성이 하나님의 형상을 따라 창조된 존재라는 사실이 현재는 사실상 모든 사람에게 스스로 분명한 사실로 받아들여지고 있습니다. 그러나, 여성이 자신을 독립적인 인간, 즉 'human being'으로 인식하고, 사회적, 법률적, 제도적으로 남성과 동등한 권리를 지닌 인

간으로서 자신의 권리를 주장하기 시작한 것은 사실상 100년 정도 밖에 되지 않았어요. 예를 들어, 미국에서는 여성들이 투표를 통해 정치에 참여하게 된 것은 1920년에 헌법 제19조가 개정되면서 처음으로 가능해진 거예요.

여성의 특징은 무엇인가?

'여성의 특징은 무엇인가?'라는 질문에 대한 답변이 중요한 이유는, 여성으로서의 경험이 여성학과 여성주의 철학의 주요한 구성 요소이기 때문이에요. 즉, 여성학과 여성주의 철학은 여성으로서의 경험, 즉 이러한 경험을 바탕으로 구축되게 돼요. 이때 '경험'은 개인의 직접적인 경험뿐만 아니라 간접적인 경험도 포함하게 되어요. 이는 결국, 간접적인 경험을 통해 남성들도 여성으로서의 경험에 참여할 수 있을 뿐만 아니라, 이런 경험을 바탕으로 여성학과 여성주의 철학의 실천에 참여할 수 있음을 의미해요. 여성으로서의 경험은 여성의 '몸'의 경험과 '사회'의 경험을 모두 포함하게 됩니다. 이는 여성의 생물학적 성(영어로 'sex')과 사회적 성(영어로 'gender')을 구분하는 것과 동일한 개념이에요.

여성의 특징에 대해 이야기하려고 할 때, 여성을 'female human being'이라고 정의했던 것을 기억하면서, "남성과 구별되는 여성의 특징을 무엇으로 정의할 수 있을까?" 라는 질문을 할 수 있어요. 언어 학습, 특히 개념화된 단어를 익힐 때, 반대말을 통해 단어를 배우는 것은 매우 유용한 방법이에요. 이를 '이항대립'이라고 하죠. 그런데 이 방법을 사용하여 개념을 정리하게 되면, 그 단어가 가지는 독특한 어감이나 다른 단어와의 관계 속에서 사용되는 의미에 대해 정확하게 이해할 수 없게 돼요. 이는 여성만의 고유한 특징에 대해 정확하게 이야기할 수 없게 되는 것과 같아요.

따라서 '여성'이라는 개념을 정의하고 이해하는 데 있어서, 남성의 반대 개념으로 사용하려는 시도는 조심스러워야 해요. 이는 그 안에 함정이 있기 때문이에요. 그 함정은 모든 긍정적인 특징들이 남성의 속성이라 주장하면, 그에 반대되는 부정적인 특징들이 여성의 특징으로 결정되는 것이에요. 예를 들어, 다음의 설명에서 잘못된 부분을 지적해 보면, "여성의 특징은 남성의 특징과 반대되는 것이다. 남성의 특징은 강력하고, 이성적이고, 합리적이기 때문에, 여성의 특징은 약하고, 감정적이라고 할 수 있다"라는 주장은 결코 옳지 않아요.

남성과 구별되는 여성의 특징을 명확하게 이야기하지 못한다면, 수천 년 동안 그리스 철학의 이원론적 사고에 기반을 둔 남성들의 속임수에 넘어가게 됩니다. 가부장제를 유지한 남성들, 식민지를 개척한 제국주의자들, 경제적이고 사회적인 기득권을 가진 사람들은 '이항대립'이라는 속임수를 통해 자신들의 기득권을 유지해 왔어요. 이러한 이유로, 여성의 특징을 정확하게 이해하는 것은 여성학, 여성주의 철학, 여성운동의 출발점이 됩니다.

그렇다면, 여러분이 생각할 때 여성의 생물학적 특징은 무엇이라고 생각하나요? 그리고 사회적 특징은 무엇이라고 생각하나요? 여러분 스스로의 경험, 또는 간접적으로 접한 경험을 바탕으로 여성의 특징을 한두 가지 언급해 보세요. 여성의 특징에서 비롯되는 여성의 몸의 경험과 사회적 경험은 여성에 대한 개념, 그리고 여성주의를 이해하고 여성학과 여성주의 철학을 발전시키는데 있어서 중요한 자산이 됩니다. '여성'이라는 개념을 통해 여성주의가 어떤 것인지에 대한 다양한 정의들이 계속해서 제시되어 왔고, 이러한 노력은 계속되고 있습니다. 여성주의를 이해하는 데 있어서 중요한 요소 중 하나는 여성주의 내에 다양한 목소리와 다양한 관점이 있다는 사실을 인식하는 것입니다.

서양 근대사와 페미니즘, 여성주의, 여성주의 운동

서양 역사를 살펴보니, 1910년대부터 약 100년 동안 여성의 권리를 주장하는 정치적이고 사회적인 여성권 신장 운동이 열렸어요. 이 운동에 깊이 묻어있는 것은 여성의 동등성을 인정하고 여성의 권리를 주장하는 여성주의라는 개념이에요. 고대와 중세시대로 거슬러 올라가도, 여성을 남성과 동등한 인간으로 보고, 여성이 수행하는 역할에 대해 긍정적으로 인식하는 생각을 찾을 수 있어요. 그러나 이런 생각들은 종종 무시되거나 남성들의 '힘'에 의해 가려져 왔어요.

사상가들이 여성의 긍정적인 역할에 대해 본격적으로 연구하기 시작한 것은 1970년대 이후로, 여성운동에 참여한 여학생들과 여성학자들에 의해 이루어졌어요. 이들은 여성운동과 학문을 통해 고대와 중세의 뛰어난 여성들과 그들이 사용한 언어를 통해 표현된 여성주의를 발견하도록 했어요.

여성주의와 여성운동을 구분하는 것은 때때로 유용한 방법이 될 수 있어요. 여성운동에 참여하지 않은 여성들과 남성들이 여성주의의 시각으로 학문 활동을 해 나가고 있기 때문이에요. 여성주의는 여성의 동등성, 여성의 권리, 그리고 이를 실현하기 위한 다양한 이론과 철학 그리고 운동을 포함하는 개념이에요. 반면, 여성운동은 여성주의의 관점에서 여성의 권리를 신장시키기 위한, 여성의 해방을 목표로 하는 정치적이고 사회적인 운동이랍니다. 따라서 여성주의와 여성운동은 서로 상호 보완적인 관계에 있다고 볼 수 있으며, 실제로 여성주의는 이론 그 자체로 그치는 것이 아니라, 실질적인 운동으로 이어져야 한다는 것이에요.

서양의 사례를 들자면, 여성이 남성과 동등한 인간이라는 사실을 인정하면서도, 전통적인 남성 중심의 철학자들과 신학자들은 여성이 갖는 고유한 특징을 부정적으로 해석해 왔어요. 또한 그들은 여성에게 남성과 동등한 권리와 책임을 부여하지 않았어요. 이를 잘 보여주는 예로는 여성들에게 공식적인 교육의 기회를 부여하지 않았던 사실을 들 수 있어요.

하지만, 1900년대 이후에 여성들에게 교육의 기회가 부여되면서, 여성들은 자신들의 자아 인식을 확대하고 사회적 불평등에 대해 문제 제기하기 시작했어요. 여성들은 인간으로서의 권리를 주장하고, 자신들의 목소리를 높여 드러냄으로써 여권 신장 운동, 즉 여성주의 운동을 시작했어요.

흑인 민권 운동에 참여하였던 백인 여성들은 백인 남성들에 의한 흑인들의 억압과 차별을 목격하면서, 자연스럽게 여성들 자신의 억압에 대한 시각을 넓히게 되었어요. 이러한 움직임은 1910년대부터 시작되었고, 1960년대 이후에는 흑인 민권 운동과 맞물리며 더욱 활발해졌어요. 그럼에도 불구하고, 여성주의를 여권 신장 운동에 한정시키려는 시도는 여성주의 운동의 목표에 대한 오해를 증가시킬 수 있기 때문에, 우리는 1960년대의 여성주의 운동과 역사 속에서 나타나는 여성주의 시각을 구분해야 할 필요가 있어요. 여성운동과 노동운동을 비교하는 것은 여성운동의 독특한 특성을 강조하는 데 도움이 될 수 있어요. 그 이유는 노동운동과 여성운동 사이에는 '인간답게 살고 싶다'는 강력한 열망이라는 공통점이 있기 때문이에요.

우리나라에서는 70년대와 80년대에 노동 운동가들이 노동 조건의 개선과 임금 인상을 주요 이슈로 삼아 노동 운동을 전개해 나갔어요. 이 운동은 성공적으로 진행되어 노조가 힘을 얻게 되었고, 일부 노동자들은 노동자 귀족이 되었어요. 그 결과, 오늘날에는 외국인 노동자들이 그들의 자리를 대신하게 되었어요. 외국인 노동자들과 청년 노동자들의 열악한 근로 조건과 저임금 문제에 대해 침묵하고, 계속해서 자신들의 임금 인상을 요구하는 노동 운동은 그 자체로 정당성을 확보하기 어려울 것이에요.

이러한 이유로, 여성운동을 노동운동과 동일시하는 것은 여성주의에 대한 오해를 불러일으킬 수 있어요. 왜냐하면, 여성주의가 추구하는 목표는 더 많은 재산을 갖는 것이 아니고, 권력을 나눠 갖는 것이 아니며, 기존의 위계 구조에 참여하는 것도 아니기 때문이에요. 서양의 지적 전통에서는, 인간의 존엄성에 대해 이야기할 때, 여성과 남성 모두가 하나님의 형상으로 완전히 창조되었다는 것을 강조합니다. 여성이 불완전한 남성이라는 개념은 성경의 가르침과 어긋나는데, 성경은 여성이 남성을 돕는 파트너로 창조되었다고 말하기 때문이에요. 21세기의 관점에서 보면, 여성은 'brand new human being'이라고 볼 수 있어요. 이는 남성보다 나중에 더 발전된 형태로 창조되었다는 의미에요. 하지만, 이것이 남성보다 여성이 우월하다는 의미는 아니라는 것을 명확히 해야 해요.

누군가가 자신이 다른 사람보다 우월하다고 주장한다면, 그는 인종 차별주의자 또는 성차별주의자로 오해받을 수 있기 때문이에요. 여성의 삶과 경험은 남성의 삶과 경험과는 달라 차이가 있어요. 그러나 이 차이가 반드시 여성이 열등하다는 것을 의미하는 것은 아니에요. 지금까지 인종 차별주의자들과 성차별주의자들은 차이가 열등함을 의미한다고 주장해 왔어요. 그러나 우리는 삶과 경험을 통해 생각의 차이와 틀린 생각을 구분할 수 있어요.

여성주의에 대한 오해 중 하나는 급진적 여성주의자들의 주장이 여성주의의 전부인 것처럼 이해되는 것이에요. 급진적 여성주의자들은 남성을 배제한 여성만의 세상을 주장하기도 하지만, 이는 여성주의 그룹 내에서도 넓은 지지를 받지 못하는 주장이에요. 서양의 여성주의 역사를 보면, 이러한 주장은 1세대 여성주의 운동가들 중 일부에게서만 나오는 주장이에요. 그러나 여성주의의 역사가 진행되면서, 여성우월이나 남성혐오 보다는 남녀평등과 상호성을 강조하는 방향으로 발전해 왔어요. 3세대 또는 4세대 여성주의 운동에서는 상호 존중을 바탕으로 더 나은 사회를 만드는 데 관심을 가지고 있어요. 그래서 여성운동가들 중에는 환경 문제와 여성주의를 함께 실천하는 생태여성주의자 (또는 에코페미니스트)들이 활발하게 활동을 이어가고 있어요.

남성과 여성 모두를 위해서, 우리와 우리 다음세대를 위해서

페미니즘 또는 여성주의는 우리 모두의 경험으로부터 배울 수 있습니다. 그것은 여성의 경험을 통해 사회의 불공평한 부분을 비판적으로 살펴보고, 남성과 여성 사이의 성적 차이가 주는 불평등을 바꾸려는 노력에서 시작되었습니다. 이 생각은 여성의 영역이 남성에 의해 억압받거나 무시되는 것을 거부하는 데에서 비롯되었습니다. 100년이 넘는 시간 동안, 여성주의는 다양한 방식으로 표현되고 발전해왔고, 그 과정에서 여러 가지 활동과 특징을 보였습니다. 그러나 그 핵심은 항상 인간의 존엄성과 남녀 동등성, 그리고 상호성에 대한 강력한 강조였습니다.

상호성은 다양성과, 개성, 고유성을 존중하고, 획일주의를 거부하는 원칙입니다. 이것은 남녀의 동등한 관계를 중요시하고, 우리 모두가 서로에게 연대감을 느낄 수 있게 합니다. 이것은 다른 사람의 입장에서 생각하고 그들의 시각을 이해하려는 태도, 즉 역지사지의 태도입니다.

여성주의는 남성 중심의 사회와 권력을 이용한 여성에 의해 억압받는 여성과 남성의 상황을 이해하려고 노력합니다. 그리고 남성과 여성이 함께 살아가는 인간다운 세상을 만드는 것을 목표로 합니다. 이 강의의 목표는 청소년들이 더 나은 세상에서 살아갈 수 있도록 하는 것입니다. 이 목표를 달성하기 위해서는 여성과 인간에 대한 이해가 필요하고, 그 이해를 바탕으로 실천이 필요합니다. 우리 모두가 더 공정하고 평등한 세상을 만들어 가면 좋겠습니다.

〈함께 생각하기〉

1. 내가 생각하는 페미니즘은 (   )이다.

2. 내가 생각하는 페미니즘은 (   )이 아니다.

〈참고문헌/함께 읽으면 좋은 책들〉

가즈시, 멜라나&수잔 케스탄베르그. 송천석, 유상희 역.『그녀가 최초였다』. 서울: 에디미디, 2022.

유영소, 원유미.『여자는 힘이 세다, 세계편』. 서울: 교학사, 2015.

_____.『여자는 힘이 세다, 한국편』. 서울: 교학사, 2015.

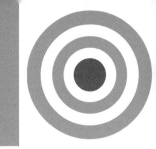

10

대한'민'국은 어떻게 만들어졌을까?

홍문기
(총신대학교 역사교육과 조교수)

글쓴이 **홍문기**는 서울대학교에서 한국근현대정치사로 박사학위를 받았다. 서울대학교 규장각한국학연구원 선임연구원을 거쳐 현재는 총신대학교 역사교육과에서 근현대 한국사, 동아시아사, 세계사를 가르치고 있다. 또한 크리스천 인문학자들과 함께 "인문학과 성서를 사랑하는 모임(인성모)"에서 활동하면서 기독교 신앙에 입각한 인문학에 대해 모색해왔고, 동서지행포럼 시민인문학팀과 함께 위기청소년들을 위한 인문학 강의 나눔을 실천해왔다.

10
대한'민'국은 어떻게 만들어졌을까?

우리는 어떻게 나라의 주인이 되었을까?

우리나라의 영어식 이름은 "Republic of Korea"입니다. 여기서 Republic은 공화국, 즉 왕이 아니라 국민들이 주인이 되어 다스리는 나라라는 뜻입니다. 이런 나라를 민주주의 국가라고 부릅니다. "대한민국 (大韓民國)"이라는 이름에서는 더 분명히 알 수 있습니다. 대한(大韓)은 '크고 위대한 한국'이라는 뜻이 되겠죠. 문제는 그 다음에 붙어있는 민(民)이라는 글자입니다. 이건 옛날에는 백성, 지금은 국민을 의미하죠. 민국(民國)이란 국민이 다스리는 나라, 국민이 주인인 나라라는 뜻입니다. 그러니까 대한민국이란 '국민이 다스리는 크고 위대한 한국'이란 의미입니다. 우리나라는 이름에서부터 민주주의 국가임을 분명히 보여주고 있습니다.

그런데 우리나라 역사 속에는 대한이라는 이름이 붙은 나라가 하나 더 있었습니다. 바로 "대한제국(大韓帝國)"입니다. 조선의 마지막 왕이었던 고종은 1897년 나라의 이름을 대한제국으로 바꿉니다. 여기서 제(帝)는 황제를 의미하구요. 그러니까 대한제국이란 '황제가 다스리는 크고 위대한 한국'이라는 뜻입니다. 대한제국과 대한민국. 한 글자가 다를 뿐이지만 그 의미는 완전히 다릅니다. 황제와 국민, 둘 중 누가 나라의 주인인가요?

우리나라는 아득한 옛날 고조선이 만들어졌을 때부터 1910년 대한제국이 망할 때까지 왕이나 황제가 다스려 왔습니다. 그리고 우리나라를 식민지로 만들어 버린 일본도 왕이 다스리는 나라였습니다. 그러니까 기원전 고조선이 세워진 때부터 1945년 일본으로부터 독립한 때까지 수천 년간, 우리 민족에게 나라의 주인이란 항상 왕 아니면 황제였습니다.

그런데 독립하고 3년이 지난 1948년에 우리 조상들은 대한민국 정부를 세웁니다. 수천 년 동안 왕이 다스리던 나라가 갑자기, 너무나도 갑자기 국민이 다스리는 나라가 된 거죠. 왜 그랬을까요?

너무나 갑자기 일어난 변화였기에 어떤 사람들은 이렇게 말하곤 합니다. "우리나라는 일본의 식민지가 되고 해방 이후에는 미국에게 점령되면서 민주주의를 강제로 배울 수밖에 없었다." 그렇게 민주주의가 무엇인지도 제대로 모른 채 강대국들의 요구에 따라서 민주주의 국가를 만들었기 때문에 대한민국이 세워진 이후에도 우리나라는 오랫동안 혼란을 겪을 수밖에 없었다는 것이죠. 여러분은 어떻게 생각하시나요? 우리들은 어떻게 이 나라의 주인이 되었을까요? 오늘은 이 질문을 같이 생각해 보려고 합니다.

대한제국의 건국과 멸망

우리나라 민주주의의 역사를 이야기하기 위해서는 먼저 조선의 마지막 왕이자, 대한제국의 초대 황제였던 고종에 대해서부터 설명해야 할 것 같습니다. 고종은 1852년에 조선의 왕족으로 태어나 1863년에 왕이 되었습니다. 그때는 서구의 여러 나라들이 전 세계를 식민지로 만들고 있었고, 아시아에서는 중국과 일본이 우리나라를 침략하려고 노리고 있었습니다. 고종은 중국이나 일본을 다스리던 사람은 황제였지만 자기는 왕에 불과했기 때문에 조선이 무시당하고 있다고 생각했습니다. 그래서 1897년 조선이라는 나라 이름을 대한제국으로 바꾸고 스스로 황제가 되었습니다. 어떻게든 나라의 독립과 자신의 왕권을 지키려는 노력이었죠.

하지만 우리가 옷을 갈아입는다고 해서 다른 사람이 될 수는 없는 것처럼, 나라 이름 뒤에 제국이라는 말을 붙이고 왕이라는 직함을 황제로 바꾼다고 해서 다른 나라가 될 수는 없었습니다. 우리나라는 여전히 힘이 약했고 주변 나라들의 침략에 시달려야 했지요. 결국 일본이 중국과

[그림 1] 〈고종황제 사진〉, 20세기 초, [그림 2] 〈순종황제 사진〉, 연대 미상,
39.1×32.2cm, 국립고궁박물관 소장   12.1×8.2cm, 국립고궁박물관 소장

러시아를 제치고 1905년부터 우리나라를 본격적으로 침략하기 시작했습니다. 1907년에는 고종을 황제의 자리에서 강제로 쫓아내고 대신 그 아들인 순종을 대한제국의 황제로 만들었습니다.

고종이 황제의 자리에서 물러나고 순종이 즉위한 것은 그때 우리나라 사람들에게는 매우 큰 사건이었습니다. 여러 가지 잘못도 저질렀고 단점도 있었지만 그래도 고종은 합법적인 절차를 통해서 정식으로 조선의 왕이 됐습니다. 조선을 대한제국으로 바꾼 것 또한 다른 나라의 간섭이나 침략 때문이 아니라 고종 자신의 결정이었구요. 하지만 순종이 즉위한 것은 순전히 일본의 강요 때문이었습니다. 순종이 과연 정당하게 즉위한 대한제국의 황제인가? 라는 질문이 나타날 수밖에 없었던 것이죠. 결국 1910년 8월 22일, 일본의 위협 속에서 순종은 대한제국이 일본의 식민지가 된다는 조약에 도장을 찍습니다. 수천 년 역사를 가진 우리나라는 하루아침에 식민지가 되어버렸습니다.

나라 잃은 황제, 황제 잃은 민족

그럼 1910년 8월 22일 이후 대한제국 황제 가문 사람들은 어떻게 되었을까요? 나라가 망해버리고 국민이 노예가 된 후였으니 그들도 쫓겨났거나 감옥에 갇혔거나 심지어 살해되었다고 생각하는 분들이 많습니다. 그런데 실제로는 어땠을까요? 다음의 사진을 한 번 보시죠.

[그림 3] 〈고종 가족 사진〉, 1918년, 28.8×21.6cm, 국립고궁박물관 소장, 1919년 간행된 《고종황제 국장 사진첩》에 수록되어있으며, 1918년 덕수궁 석조전에서 촬영한 것으로 추정됨

이 사진의 가운데에 있는 사람은 고종, 그 오른쪽에는 순종의 부인인 순정효황후, 고종의 왼쪽에는 순종, 순종의 왼쪽에는 고종의 또 다른 아들인 영친왕이 있습니다. 가장 오른쪽에 있는 어린 여자아이는 1912년, 고종 나이 예순에 낳은 막내딸 덕혜옹주입니다. 중요한 것은 이 사진의 배경이 되는 시간과 장소인데요. 이 사진을 찍은 때는 1918년, 그러니까 우리나라가 일본의 식민지가 되고 나서 8년 뒤에 찍은 것입니다. 그리고 저 장소는 덕수궁 석조전이었구요. 그러니까 나라가 망한 지 8년이나 지났는데, 대한제국 황제 가문 사람들은 여전히 궁궐에서 살았고 저렇게 화려한 옷을 입고 사진을 찍을 정도로 잘 살고 있었던 겁니다. 심지어 고종은 그 와중에 딸까지 낳았죠. 만약 고종이 나라 잃은 황제로서 어려움

을 겪었다면 그런 여유를 갖지 못했을 겁니다.

일본에게 나라를 빼앗긴 대한제국 황제 가문 사람들은 어떻게 이런 여유를 누렸을까요? 바로 나라를 빼앗은 일본이 준 것입니다. 일본은 고종에게 이태왕, 순종에게 이왕이라는 자리를 주고 일본 왕실 가문으로 받아들였습니다. 그리고 궁궐에서 계속 살게 해주고 엄청난 돈까지 줬습니다. 왜 그랬을까요? 바로 일본의 한국 지배를 돕는 대가로 준 것입니다. 실제로 고종과 순종, 그리고 대한제국 황제 가문 사람들은 그 누구도 일본의 한국 침략이 나쁘다고 대놓고 말하지 않았습니다. 오히려 일본이 한국을 통치하려고 할 때 열심히 도왔습니다.

[그림 4] 〈이토 히로부미의 부산 방문에 함께 한 순종의 행렬〉, 1909년,
21.4×16.4cm, 국립중앙박물관 소장

이렇게 황제 가문 사람들이 일본에 협조하는 대가로 부유하게 사는 동안 우리나라 사람들의 삶은 어땠을까요? 일본은 일본의 침략에 맞서 싸웠던 수천 명의 의병들을 잔인하게 학살했습니다. 한국인들이 정당한 국민으로서 누려야 할 자유를 빼앗았습니다. 이러한 차별에 반대하는 한국인들의 분노가 3.1운동으로 모여서 백만 명이 넘는 사람들이 거리로 쏟아져 나와 우리나라의 독립을 요구했을 때, 일본은 우리 민족을 힘

으로 짓밟았습니다. 심지어 유관순 열사 같은 고등학생도 감옥에 갇혀서 고문을 당하고 결국 돌아가시기까지 했습니다. 그렇게 수많은 사람들이 일본의 식민통치 때문에 절망과 불행과 죽음을 겪어야만 했습니다. 그러니까 황제 가문이 누렸던 재산과 명예는, 사실 백성을 일본에 내다 팔아서 얻은 것이나 마찬가지였습니다. 그렇게 나라를 잃은 우리 민족은 황제에게도 버림받은 채 일본의 식민통치를 겪어야만 했습니다.

이제 국가의 주인은 국민이다!

일본에게 나라를 빼앗긴 후 많은 사람들이 독립운동에 뛰어들었습니다. 한국뿐만 아니라 전 세계에서 수많은 독립운동가들이 일본에 맞서 나라를 되찾기 위해 싸웠습니다. 그런데 독립운동가들의 가장 큰 고민은 바로 대한제국 황제 가문이었습니다. 황제 가문은 조선왕조 500년 동안 우리나라를 지배해 온 조선왕실의 후예였고 우리나라 사람들은 이 가문을 나라의 주인으로서 깊이 존경해 왔습니다. 그런데, 바로 그 나라의 주인이 일본의 앞잡이로 협력하고 있었던 것이죠. 그러면 일본에 맞서 싸우는 사람은 황제 가문의 역적이 되어버리고 맙니다.

이 문제를 해결하기 위해 독립운동가들은 황제 가문을 설득해서 함께 일본과 맞서 싸우려고 했습니다. 황제 가문이 서울에서 탈출해서 중국으로 망명하여 만주에 있는 독립운동단체들과 함께 하거나, 서울을 탈출하지 못하더라도 일본의 식민통치를 반대한다고 공개적으로 밝히기만 해도, 독립운동가들은 엄청난 도움을 얻을 수 있었던 것이죠. 하지만 황제 가문 사람들은 끝내 이 요청을 외면했습니다. 결국 독립운동가들은 이 문제를 해결할 다른 방법을 고민할 수밖에 없었습니다.

1917년 신규식, 박은식, 신채호, 조소앙, 신석우, 한진규 등 14명의 독립운동가들이 중국 상해에서 모여 "대동단결선언"이라는 선언문을 발표했습니다. 대동단결이라는 말 자체는 '모두 모여 하나가 되자'라는 평범한 뜻이지만, 이 선언문의 내용은 그렇게 평범하지 않았습니다. 그 내용을 몇 개의 문장으로 간추리면 다음과 같습니다.

① 국가를 다스리는 권리는 같은 나라 사람들 사이에서만 주고받을 수 있다.
② 아무리 황제라도 나라의 주권을 다른 나라에 주거나 팔 수는 없다.
③ 따라서 1910년 순종이 나라의 주권을 일본에 넘긴 것은 정당한 약속이 아니다. 그저 순종이 우리나라를 다스리는 자리를 스스로 포기했음을 의미할 뿐이다.
④ 황제가 스스로 나라를 다스릴 권리를 포기한 이상, 이제 우리 국민들이 스스로 나라를 다스려야 한다.

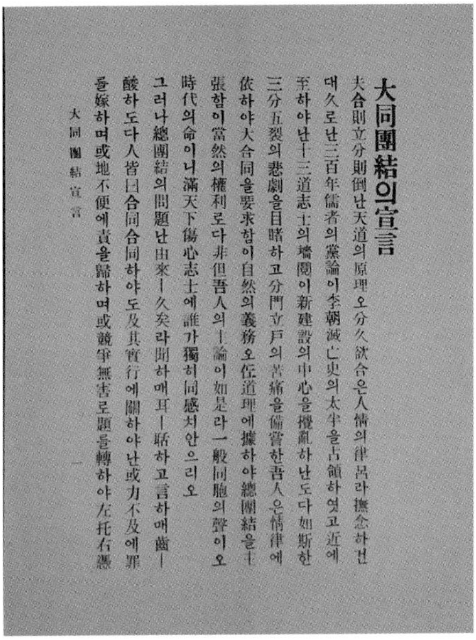
大同團結의宣言
夫合則立分則倒난天道의原理오分久欲合은人情의律呂라撫念하건
대久로난三百年儒者의黨論이李朝滅亡史의太半을占領하엿고近에
至하야난十三道志士의墻鬩이新建設의中心을攪亂하난도다如斯한
三分五裂의悲劇을目睹하고分門立戶의苦痛을備嘗한吾人은情律에
依하야大合同을要求함이自然의義務오任道理에據하야總團結을主
張함이當然의權利로다非但吾人의主論이如是라一般同胞의聲이오
時代의命이니滿天下傷心志士에誰가獨히同感치안으리오
그러나總團結의問題난由來ㅣ久矣라聞하매耳ㅣ聒하고言하매齒ㅣ
酸하도다人皆曰合同合同하야도及其實行에關하야난或力不及에罪
를嫁하며或地不便에責을歸하며或競爭無害로題를轉하야左托右憑
大同團結宣言 一

[그림 5] 〈대동단결선언문〉, 1917년, 문화재청 소장

위 내용에 따르면 "대동단결선언문"을 만든 사람들은 아무리 아버지라고 해도 자식을 다른 집에 팔아넘길 수는 없듯이, 황제라고 해도 국가와 국민을 다른 나라에 팔 수 없다고 말합니다. 자식을 팔아넘긴 부모가 부모로서의 자격을 잃게 되듯이 순종도 대한제국 황제라는 자격을 스스로 포기했다는 것입니다. 그렇게 황제가 포기하여 주인 없는 나라가 된 대한제국을, 이제는 국민들이 스스로 그 주권자가 되어 되찾고 다스리겠다고 선언한 것입니다.

이런 생각은 몇몇 독립운동가들만이 갖고 있던 것이 아니었습니다. 대동단결선언이 발표된 후 2년 뒤인 1919년, 그 유명한 3.1운동이 일어납니다. 대한독립만세를 부르짖은 수많은 사람들은 자연스럽게 대동단결선언의 내용을 배우게 됩니다. 3.1운동이 원래 고종의 장례식에 모인 사람들을 중심으로 일어났음에도, 만세시위에 참여한 사람들 중에서 '대한제국만세'를 외친 사람들은 없었습니다. 대신 3.1운동 이후 우리나라 사람들은 자연스럽게 황제와는 관계없이 민주주의적인 정신에 따라 정부를 세우고, 국민이 주인인 나라를 만들려고 노력하기 시작했습니다.

그렇게 세워진 정부 중에는 1919년 상해에서 만들어진 대한민국임시정부도 있었습니다. 이때부터 대한제국 대신 대한민국이라는 이름을 사용하기 시작했습니다. 그리고 일본으로부터 독립한 후 1948년 세워진 대한민국 정부는 바로 이 상해 대한민국임시정부를 이어받은 것입니다.

우리를 식민지로 만들었던 일본은 제대로 된 민주주의 국가도 아니었고 한국에서는 전혀 민주주의 제도를 실시하지 않았습니다. 일본이 떠난 이후에 우리나라에 들어온 미국이 민주주의 제도를 가르치려고 했던 것은 1945년 이후입니다. 그러니까 1917년에 발표되고 1919년에 널리 알려진 대동단결선언은, 어떤 나라가 우리에게 가르쳐주거나 강요한 결과가 아닙니다. 황제 가문의 배반으로 온 나라가 식민지가 되어버린 고난 속에서, 빼앗긴 주권을 되찾아 새로운 나라를 만들기 위해 우리 민족이 스스로 찾아낸 독립의 길이었습니다.

지금까지 이어지는 3.1운동의 전통

위에서 설명했듯이 3.1운동은 권력을 가진 황제가 자기 책임을 다하지 못하여 나라가 위기에 빠졌을 때 평범한 사람들이 직접 나서서 나라를 바로 세우기 위한 노력이었습니다. 하지만 이런 모습은 3.1운동만이 아니었습니다. 그 후에도 나라의 위기를 극복하기 위해 국민들이 직접 팔을 걷고 뛰어다니는 열정은, 우리나라가 어려움에 부딪쳤을 때마다 나타났습니다.

1960년 4월 19일, 그때 권력을 갖고 있었던 이승만 정부는 부정부패로 나라를 어지럽게 만들었고 선거에서도 부정행위를 저질렀습니다. 그러자 수많은 국민들이 거리로 쏟아져 나와 이승만 정부를 비판했습니다. 경찰이 때리고 군대가 총을 쏴도 두려워하지 않고 대학교수부터 초등학생까지 시위에 함께 하자, 결국 이승만 대통령은 스스로 물러났습니다. 권력자가 저지른 잘못을 국민이 직접 나서서 바로잡는다는 3.1운동의 모습이, 그 후에도 우리나라에 계속 남아 있었던 것입니다.

이승만 정부가 무너진 이후 1961년 군인이었던 박정희가 힘으로 권력을 차지합니다. 그리고 박정희 정부는 일본으로부터 돈을 얻기 위해, 일본이 저지른 모든 침략 범죄에 대한 책임을 묻지 않겠다는 약속을 해버립니다. 우리나라가 너무 가난했기 때문에 돈이 필요했다는 것이죠. 하지만 일본의 제대로 된 사과와 반성도 없이 단순히 돈만 받고서 침략 문제를 없던 일로 하는 것은 잘못된 일이라고 많은 사람들이 분노했습니다. 그리고 역시 수많은 사람들이 거리로 쏟아져 나와 박정희 정부를 비판하고 일본의 사과와 반성을 요청했습니다. 그때 외쳤던 사람들의 목소리는, 위안부 할머니들이나 강제징용 할아버지들을 위해 함께 하겠다는 마음으로 오늘날까지 이어지고 있습니다.

박정희 대통령이 1979년 암살당한 뒤 역시 군인인 전두환이 다시 힘으로 권력을 차지했습니다. 그러자 많은 사람들이 쿠데타(힘으로 권력을 뺏는 일)가 또 일어나는 것은 안 된다며 전두환 정부를 비판하기 위해 거리로 쏟아져 나왔습니다. 그러자 전두환은 자신의 권력을 지키기 위해 1980년 5월 18일 광주에 군대를 파견해 자기를 반대하는 사람들을 마구 죽였습니다. 이것을 목격한 사람들은, 1987년 수백 만 명의 시민들이 거리로 나서 전두환 정권에 반대하는 "6월 항쟁"을 일으켰고, 결국 전두환은 대통령 자리에서 내려와야 했습니다. 그 후 20년이 지난 2017년에는 박근혜 정부가 심각한 잘못을 저지르자 역시 국민들이 거리로 쏟아져 나와 결국 박근혜 대통령을 권력의 자리에서 끌어내렸습니다. 자격이 없는 권력자 대신 수많은 국민들이 직접 나라를 바로잡고 다시 만들려는 3.1 운동의 전통은, 오늘날까지 우리나라 역사 속에서 계속 이어지고 있었던 것입니다.

한국 민주주의의 의미

민주주의 국가란 국민이 스스로 주인이 되는 나라를 말합니다. 그런데 만약 그 주인의 자리를 누군가가 선물로 내려준 거라고 한다면, 그걸 진정한 주인이라고 말할 수 있을까요? 아니면 다른 나라의 강요에 의해서 억지로 민주주의 제도를 받아들인 것이라면, 그 나라를 제대로 된 민주주의 국가라고 말할 수 있을까요? 참으로 안타깝지만 스스로 민주주의 국가라고 말하는 나라들 중 많은 경우가 그렇습니다.

하지만 우리의 민주주의는 다릅니다. 우리나라가 대한제국에서 대한민국으로 바뀐 것은 누구의 선물도 강요도 아니었습니다. 가장 어려웠던 상황에서 우리 민족 스스로 나라를 되찾고 발전시키기 위해 찾아낸 답이었습니다. 나라에 위기가 찾아올 때마다 우리나라 사람들은 어떤 뛰어난 권력자가 우리를 위해 답을 만들어줄 것이라 생각하며 가만히 멈

취있지 않았습니다. 대신 잘못된 권력자들을 몰아내고 스스로 나라를 만들어 내기 위해 일어나 싸웠습니다. 이런 싸움이 때로는 나라를 혼란스럽게 만들기도 했습니다. 하지만 그럼에도 불구하고, 아니 그렇기에 비로소 이 나라는 우리의 나라이고 그 역사는 우리의 역사입니다. 그렇게 만들어 낸 소중한 우리의 역사, 우리의 민주주의를 함께 지켜나가면 좋겠습니다.

〈함께 생각하기〉

1. 여러분이 일제강점기 우리나라에서 살고 있었다면 대한제국 황실을 보고 어떤 생각이 들었을까요?

2. 여러분은 지금 우리나라를 생각하면 어떤 마음이 드시나요? 어떻게 하면 우리나라가 더 좋은 나라가 될 수 있을까요?

〈참고문헌/함께 읽으면 좋은 책〉

김정인. 『오늘과 마주한 3.1운동』. 서울: 책과함께, 2019.

한홍구. 『민주주의 역사 공부(1-2)』. 파주: 창비, 2020.

헐버트, 호머. 『대한제국멸망사』. 서울: 집문당, 2019.